REALITY

Anja Tuckermann

**Nicht sprechen,
nicht schweigen,
nicht gehen,
nicht bleiben**

Anja Tuckermann

Anja Tuckermann,
geboren 1961, lebt in
Berlin und schreibt Romane,
Erzählungen und Theater-
stücke für Kinder und
Erwachsene. Sie arbeitet
gern mit anderen Autoren
und mit Komponisten
und Musikern zusammen.
Für ihre Arbeit erhielt sie
bereits mehrere Stipendien
und Auszeichnungen.

Nicht sprechen, nicht schweigen, nicht gehen, nicht bleiben

RAVENSBURGER BUCHVERLAG

Als Ravensburger Taschenbuch
Band 58190
erschienen 2003

© 2000 Ravensburger Buchverlag
Otto Maier GmbH

Die Erstausgabe erschien 2000
in der Ravensburger Jungen Reihe
im Ravensburger Buchverlag

Umschlagillustration:
Ludvik Glazer-Naudé

RTB-Reihenkonzeption:
Heinrich Paravicini, Jens Schmidt

**Alle Rechte dieser Ausgabe
vorbehalten durch
Ravensburger Buchverlag**

**Die Schreibweise entspricht den
Regeln der neuen Rechtschreibung.**

Printed in Germany

5 4 3 2 1   07 06 05 04 03

ISBN 3-473-58190-9

www.ravensburger.de

REALITY

Es regnet nicht, es ist nicht kalt, auch der Mond scheint nicht, kein Stern ist zu sehen. Nur die Laternen glimmen; von weit her rauscht die Stadt. Rinka steht auf der Fahrbahn in der Mitte der Kreuzung. Ihr Magen zittert so, dass sie nicht weiterlaufen kann. Rechts und links von ihr, vor und hinter ihr führen vier kleine Straßen ins Dunkel. Im Garten an der Ecke schräg gegenüber lebt ein Boxer: Läuft jemand in Gedanken vertieft dort am Zaun vorbei, schleicht sich der Hund lautlos heran und beginnt plötzlich mörderisch zu bellen. Die Nichtsahnende springt zur Seite oder schreit auf vor Schreck. Da soll Rinka nun vorbei. Das ist der Weg, den sie gehen muss. Überall, hinter Häuserecken und Straßenbäumen, hört sie Schritte, sieht sie Schatten, die sich zu bewegen scheinen. Am liebsten würde sie, aufgelöst in Luft, aus dem Leben davonschweben.

Alles muss, wenn ich bleibe, anders werden. So gehts nicht weiter, murmelt sie und sieht sich dauernd um, als sei einer hinter ihr her.

So nicht, ich werde es schrittchenweise versuchen: kleine Schritte, nicht zu viele auf einmal.

Rinka könnte auch auf der anderen Straßenseite gehen, aber sie läuft zur Ecke, in die Straße hinein und am Gartenzaun entlang, mit hochgezogenen Schultern; kein Boxer bellt. Aber das ist klar, er bellt nur, wenn jemand ahnungslos ist. Sie kehrt um und geht noch einmal am Zaun entlang, gelassener diesmal, locker, wippend setzt sie einen Fuß vor den anderen, lässig will sie sich fühlen und versucht, zwischen den Zähnen hindurch zu pfeifen.

Seht sie alle an, die hat keine Nebel im Kopf, der steht nichts und niemand mehr im Weg.

Der Boxer rührt sich nicht. Vielleicht liegt er im Haus und schläft.

Das Pfeifen vergeht Rinka sofort. Der Hund ist nicht im Garten, sie läuft immer wieder am Zaun entlang. Hin und zurück. Sie weiß es: Der Hund ist nicht im Garten. Wenn er jetzt doch kläffend an den Zaun geschossen käme, würde sie nicht viel mehr erschrecken als zuvor. Da war sie ja vorbereitet gewesen.

Lass deine Angst im Garten hinter dem Zaun.

Rinka geht auf das Haus zu, in dem sie wohnt. Das innere Frieren ist immer noch trübe und schmal in ihren Augen. Nach allen Seiten sieht Rinka sich um: kein Mensch, kein Hund. Nur dösiger Asphalt, ein schlafender U-Bahnhof und hellwache, einsame Ampeln. Schon ehe sie die Straße überquert, hält sie den Schlüsselbund mit Daumen, Ring- und kleinem Finger fest in der Hand. Er soll keinen Laut von sich geben, während sie den Hausschlüssel mit dem Zeigefinger ertastet. Niemand soll den Schlüssel klimpern hören und daraus schließen, dass sie hier in der Nähe wohnt. Tarnen muss sie sich, vortäuschen, sie habe noch mindestens zwanzig Minuten Fußweg. Da wird sich keiner die Mühe machen, sie so lange zu verfolgen. Sie wollen keinen Widerstand.

Rinka nimmt den Schlüssel erst aus der Tasche, während sie vor der Tür steht. Aber in dieser Nacht verschwindet Rinka nicht wie ein flüchtendes Tier im Hausflur. Sie dreht sich um. Kein Mensch zu sehen, auch wenn sie etwas hört, sobald sie wieder mit dem Rücken zur Welt vor der Tür steht. Sie übt. Umdrehen: niemand da. Vor der Tür stehen und sagen, es ist niemand da.

Aber dreh dich doch um, wenn du es trotzdem nicht glaubst.

Umdrehen, langsam. Niemand da. Sie will kein aufgescheuchtes Reh mehr sein, das stolpernd flieht. Rehe stolpern nicht. Rinka dreht sich so lange um und wieder um, bis sie mit dem Gesicht zur Tür stehen kann, ohne dass sich die Haut im Nacken spannt, Härchen sich aufstellen, Gänsehaut den Rücken durchfröstelt. Sie sieht die Tür an, auch wenn sie hinter sich Schritte zu hören glaubt.

Mit angehaltenem Atem geht sie spazieren, will bei jedem Windstoß im Gebüsch zur Seite springen, vermutet hinter jedem Baum Gefahr, bis sie sich so nicht mehr will. Von da an bleibt sie stehen, wenn es im Laub raschelt, bleibt stehen und hört mit angespannten Muskeln, zusammengebissenen Zähnen zu.

»Das ist ein Vogel«, sagt sie, und die Spannung kriecht ihr den Hals hinauf in den Kopf. Dann dreht sie sich zur Seite, sieht ins Gebüsch, und es ist ein Vogel.

Der Hauseingang ist der tote Punkt, die Falle, in die sie immer wieder, jeden Abend tappen muss, um in Sicherheit zu gelangen, eine Falle wie an dem Tag, als nachts ein Mann hinter ihr aus der U-Bahn stieg. Fünf Stationen lang hat er sie angestiert. Den ganzen Weg bis zur Straßenecke spürt sie ihn hinter sich, als sei nicht der Wind, sondern der Atem des Mannes in ihrem Nacken. Sie läuft schneller, schnurstracks auf das Haus zu, den Schlüssel gezückt. Kurz vor dem Haus überholt er sie und huscht vor ihr zur Tür.

Ruhig bleibt er stehen, bewegungslos lächelt er ihr entgegen. Rinka steckt den Schlüssel wieder ein: Nein, ich wohne gar nicht hier, hau ab, du hast dich geirrt. Dann dreht sie sich um und geht in Richtung U-Bahn.

Nur nicht rennen, wenn der Mann sieht, dass ich Angst habe, stürzt er sich gleich auf mich.

Sie geht die Straße zurück, dabei wäre sie lieber zusammengebrochen, liegen geblieben, tot oder fortgeschwebt und in ihrem Bett gelandet. Männer stehen in dunklen Hauseingängen, reißen Frauen die Kleider mit einem einzigen Handgriff vom Leib, schlagen ihnen den Kopf gegen die Hauswand. Er wird die ganze Nacht dort bleiben und auf mich warten. Rinka läuft auf die hell erleuchtete Telefonzelle an der Straßenecke zu, zieht die Tür auf und stellt sich ins Licht. Alle werden ihn sehen, wenn er sie niederreißt. Jemand wird ihr zu Hilfe kommen.

Während sie irgendeine Nummer wählt, nicht einmal die Münzen kann sie einwerfen, erwartet sie das glatt rasierte Gesicht an der Scheibe, eine haarige Hand auf ihrer Schulter. Sie spricht in die schwarze Muschel: »Ich muss die ganze

Nacht hier bleiben. Im Stehen, an die Glasscheibe gelehnt, auf die Telefonbücher gekauert muss ich hier bleiben. Er sieht mich. Ich darf nicht einschlafen. Er steht im Dunkeln und sieht mich. Ich stehe im Licht und sehe gar nichts.« Es tutet an ihr Ohr. Sie wartet mit dem Gesicht zum Apparat und wagt nicht, durch die Scheiben zu sehen.

Vielleicht denkt er, ich habe die Polizei gerufen. Vielleicht ist er deshalb schon weg.

Rinka hängt den Hörer ein und geht langsam hinaus. Es ist nur Dunkelheit zu sehen. Erst als sie den Schlüssel in der Eingangstür innen herumgedreht hat, kann sie wieder atmen.

Viel zu lange hat sie abends hastig die Tür aufgeschlossen, ist wie ein Luftzug ins Haus gehuscht. Wie Eiter aus einem tief unter der Haut sitzenden Pickel will sie diese Hast aus sich herausdrücken. Alles muss anders werden, wenn sie sich das Weiterleben gestatten soll.

Einmal fängt ein Mann an, auf der Straße hinter ihr herzupfeifen. Allein dafür würde Rinka ihn gern schlagen. Sie streckt den Rücken, nimmt die Hände aus den Jackentaschen, hält die Arme vom Körper ab, als habe sie Rasierklingen unter den Achseln, ballt die Fäuste. Wie ein unüberwindlicher Berg will sie von hinten aussehen.

Ich bin bereit, komm doch, sprich mich an, wirst schon sehen, was dich erwartet, fass mich nur an, und ich werde dir den Hals umdrehen, dich töten.

Und sie hofft, dass er nicht merkt, wie sie zittert.

Sie hat nicht die Straßenseite gewechselt, obwohl er hinter ihr bleibt. Rinka will sich nie wieder fürchten. Manchmal ist ihr, als wachse aus dem Druck auf der Brust immer neue, immer mehr Angst, ein Geschwür. Es soll sich nicht ausbreiten. Sie will diesen Teil von sich abstoßen.

Ein Mann grabscht sie an. Ehe er weitergehen kann, tritt Rinka zu. Schnell wie eine Sprungfeder trifft ihn ihr Fuß zwischen die Beine. Er läuft davon, sie weint. Weint, weil sie nicht so stark zugetreten hat, dass er sich krümmte, weint, weil er nicht zusammengebrochen ist, weint, weil er sie so mühelos verletzen kann.

Nein, ihr Blut wird nicht mehr fließen. Nur wenn sie Blut riechen, greifen sie an.

Rinka will sich nicht ganz zu Tode ängstigen.

Rinka rennt. Ein Mann auf einem Motorrad verfolgt sie. Rennen. Rennen im Dunkeln. Wer hält dauernd den Scheinwerfer auf Rinka? Sie denkt, sie habe einen Strick um den Hals. Rennen. Vampire sind hinter ihr her. Sie schrecken vor Kreuzen und Knoblauch nicht zurück, sie sind immun, sie wollen Blut. Rinka ekelt sich. Der Gedanke an einen Penis verursacht Brechreiz. Sie möchte nicht mehr U-Bahn fahren, weil bei allen Männern diese Beule zwischen den Beinen zu sehen ist. Alle Männer haben eine Waffe in der Hose, und ihre Augen sind Messer, jeder Blick ein Schneiden in Rinkas Wunde. Die Hände sind Schlangen, unberechenbar. Wenn Rinka sie nicht im Auge behält, packen sie zu.

Nach der Arbeit fährt sie gleich nach Hause, sie hält sich nirgendwo auf. Manchmal liegt ein Zettel auf dem Küchentisch: »Irgendeine Frau hat angerufen, hab den Namen nicht verstanden, ruft wieder an. B.« Oder: »Ich koche heute Abend. B.« Oder: »Deine Mutter braucht ne Bescheinigung, dass du in der Ausbildung bist, für die Steuern. B.«
 Rinka wohnt mit Barbara in einer Zweizimmerwohnung in einem Altbau. Ihre Eltern erlaubten ihr, mit Barbara zusammenzuziehen, weil Barbara älter ist als Rinka und

schon einen Beruf hat. Sie arbeitet halbtags als Zahntechnikerin, meistens liegt sie noch im Bett, wenn Rinka morgens aus dem Haus geht. Sie ist froh, dass Barbara sich ums Einkaufen kümmern kann; Rinka fürchtet, ihr Kopf werde platzen, wenn sie unter Menschen ist. Sie lebt wie auf einem Seil, wagt sich weder vor noch zurück, weiß nicht, wie sie auf das Seil gekommen ist, weiß nicht, wie sie wieder runterkommen kann. In ihrem Kopf bleibt alles dunkel.

Ein dünner Blonder sitzt in der Berufsschule hinter ihr. In Buchführung leiht er sich ein Lineal von Rinka und lächelt sie an. Von da an hat sie ein Kribbeln im Rücken und lässt die Schule nicht mehr ausfallen. Sie freut sich auf die Dienstage. Der Blonde möchte in den Pausen vor der Cafeteria ihre Hand halten, sie lässt es geschehen, lässt sich festhalten. Einmal lädt er sie ein. Rinka besucht ihn, obwohl er nicht mehr bei den Eltern lebt und allein eine kleine Wohnung bewohnt. Er steckt den Schlüssel in das Schloss, aber verschließt die Tür nicht. Rinka sitzt auf der Bettkante wie ein Stein.

»Ich liebe dich«, sagt er. Da sagt Rinka doch nicht Nein und macht die Beine für ihn breit. Er liebt mich. Sie will ihm nicht wehtun. Er tut ihr weh, weil sie es ihm und nicht sich zuliebe geschehen lässt, er in die Leere zwischen Rinka und ihrem Körper hineinstößt. Und seine Fingernägel sind schmutzig, die Bettwäsche ist zu weich, durchgelegen, er besitzt keine Waschmaschine. Auch der Blonde möchte nicht Hand in Hand mit Rinka spazieren gehen und ihr ab und zu übers Gesicht streicheln oder seine Kindheit erzählen. Er will stoßen.

Rinka ist angeschlagen und geht nie wieder zu ihm, lässt sich nicht mehr einladen, hält nicht mehr seine Hand und nichts kribbelt mehr in ihr. Trotzdem läuft ihr Motor weiter, sie kann nicht abschalten. Ohne Bremse, ohne Schutzblech rast sie durch die Tage, jede Ampel ein Mann. Sie ekelt sich, sie sieht rot, sie verliebt sich. Solange der Blonde sie nicht berührt, steht sie in einem Vollrausch von Zuneigung. Dann steigt er über sie hinweg, und ihr Motor läuft weiter.

»Ist was?«, fragt Barbara und steht in Rinkas Zimmertür, steht schräg da wegen ihrer langen Beine. »Hast du Sorgen?« Rinka will nicht Nein, kann nicht Ja sagen. Sie zuckt die Schultern.

»Gibt es einen Mann, mit dem man nur so befreundet sein kann, ohne gleich mit ihm ins Bett zu gehen oder ohne sich gleich zu verlieben?«

»Ach, Rinka«, sagt Barbara und legt ihre Hand in Rinkas Nacken.

Nach einem kurzen, nervösen Zucken am Auge kugelt sich Rinka in Barbaras Arm.

»Alle mögen dich, du musst nicht immer denken, du nervst«, sagt Barbara.

»Es muss doch Männer geben, die Menschen sind«, sagt Rinka.

»Was?«

»Ach nichts. Schon gut.«

Barbara verzieht ihr Gesicht, Augenbrauen und Mundwinkel hoch, Stirn in Falten, Lippen geschlossen, und geht in ihr Zimmer.

Rinka steht sofort auf, um Tee für Barbara zu kochen, sie auszusöhnen, für alle Fälle.

»Der Blonde aus der Berufsschule hat gesagt: Wenn du schwanger wirst, kannst du ja abtreiben.«

»Wenn das einer zu mir sagen würde«, sagt Barbara, »würd ich ihn rausschmeißen.«

Damit bringt sie Rinka zum Schweigen. Rinka hat den Blonden nicht weggejagt. Sie hat stillgehalten.

Nächstes Mal werde ich gleich schießen.

Rinka möchte sich schlagen dafür, dass sie ihn nicht die Treppe hinuntergestoßen hat.

Jede Woche geht sie viermal ins Büro. Dort sitzt sie stundenlang auf ihrem Stuhl, mit einem Gehirn voll Staub und schläfrigen Augen, die automatisch ablesen, was vor ihnen liegt. Die staubige Masse leitet immerhin weiter, welche Buchstaben die Finger tippen sollen.

»Was haben Sie denn da verzapft? Dieser Satz gibt ja keinen Sinn«, sagt der Rechtsanwalt und stöhnt.

Rinka hat nur geschrieben, was er diktiert hat.

»Es ist ja gut, wenn Sie genau arbeiten. Aber denken müssen Sie auch noch.«

Und das Friedenauer Lederpolster zum getäfelten Büro schließt sich wieder.

Rinka hackt motorisch weiter und fragt sich, was ihr Rechtsanwalt wohl sagen würde, wenn sie ihm alles erzählen könnte. Er würde die Kopfhaut bewegen, seine blonden Haare würden ruckeln, als seien sie aus einem Stück, obwohl es nicht so aussieht, als trage er ein Toupet. Er würde die linke Hand auf dem Bauch ablegen; da würde sie wegsehen. Und er würde immer wieder fragen, warum sie das und das getan und jenes nicht gelassen habe.

Die Tasten schlagen die Buchstaben auf den Bildschirm, jeder Schlag sagt Nein. Nein, dem wirst du nichts erzählen, du bist ja nicht mal zur Polizei gegangen. Der würde dich ausquetschen, der würde alle Einzelheiten wissen wollen. Und seine rechte Hand würde den Brustkorb reiben, dass der Schlips hin und her wandert. Nein.

An manchen Tagen ist Rinka lebendig, ein nicht zur Ruhe kommender Kreisel.

Schwimmen, Tanzen, Italienisch lernen. Sich mit drei Leuten an einem Abend verabreden. Mit der U-Bahn quer durch die Stadt.

»Ich hab nicht viel Zeit, ich muss gleich wieder weg.«

Cafés, Kino. Sie hält die Zeit in Bewegung. Wie es ihr gehe? »Ja ja«, antwortet sie, »es geht eben so weiter.«

Wenn sie abends nach Hause kommt und kaum noch stehen kann vor Müdigkeit, fällt sie ins Bett. Oder sie sitzt in der Küche und sieht aus dem Fenster auf eine graue Hauswand: Vorderhaus mit Löchern drin, dahinter Gardinen. Oder sie sitzt regungslos in ihrem Zimmer und studiert den Teppich. Ihr Blick folgt den schwarzen Linien zwischen den roten Flächen, hin und her, hin und her.

Barbara fragt nichts mehr, traut sich nicht. Sie lachen gemeinsam über verbrannte Bratkartoffeln und spielen abends Karten. Barbara möchte, dass Rinka wieder zum Tanzkurs mitgeht, bei dem sie sich kennen gelernt und angefreundet hatten. Aber Rinka fühlt sich eingefroren, zu steif für orientalischen Tanz. Manchmal sieht Barbara Rinka mit zusammengekniffenen Augen an: »Du bist so düster geworden. Siehst alt aus. Das nervt mich allmählich. Sag doch endlich mal, was los ist.«

Rinka fühlt sich, als sei ihr Mund zugeklebt vom Schleim der vergangenen Monate. Kein Wort bringt sie über die Zunge. Aber sie strengt sich an, zündelt in sich, bis sie sprüht vor Lachen, Barbara keine Fragen mehr stellt und wieder zum Kuscheln kommt. Rinka ist eine glänzende Hülle; wo sie auch Leute trifft, immer ist sie außer sich. Eine andere Rinka beobachtet, wie sich ihre Hülle hin und her bewegt und fröhlich spielt. Wenn sie lacht, wirft sie ihren Kopf zurück, die Wangen werden rot.

Barbara und Rinka fahren mit Schlafsäcken zur Krummen Lanke. Sie wollen am See übernachten. Frühling ist es dem Kalender nach, sie trinken Wein, essen Stullen und rollen sich in die Schlafsäcke ein. Der See strahlt den Mond zurück, kleine Wellen schlappen ans Ufer. Dann verschwindet der Mond hinter schweren Wolken. Es wird kalt bis unter die Haut und fängt zu nieseln an. Feine Fäden fallen und machen die Welt nass.

»Schläfst du?«, fragt Barbara.

»Ist doch nicht so schlimm«, sagt Rinka. »Wenn wir morgens aufwachen, wird es schön sein.«

»Es ist aber nicht jeder so robust wie du«, sagt Barbara.

Sie rollen ihre klammen Schlafsäcke zusammen und müssen rennen, um die letzte U-Bahn in die Stadt zu erreichen. Und Barbara findet es gar nicht lustig, dass an ihrer Jacke der Matsch vom Schlafsack klebt. Rinka probt das Leben für sich allein. Vom Spielplan fühlt sie sich längst abgesetzt.

Die überaus nette und fröhliche Katharina P. wird vom Rechtsanwalt K. nach erfolgreichem Abschluss der Ausbildung als Rechtsanwaltsgehilfin in ein festes Angestelltenverhältnis übernommen. Prosecco im getäfelten Büro auf schwarzen Lederstühlen, und dann husch husch wieder an die Arbeit, um drei kommt ein Klient.

Ihre direkt kindliche Unbeschwertheit werde geschätzt. Sie trage zu einem guten Arbeitsklima bei, wenn sie auch, wie jeder Mensch, ihre Tiefs habe.

Barbara liegt freiwillig mit einem Mann im Bett. Er versucht, sie zu berühren, da ist Rinka sicher. Barbara muss bestimmt nicht bei seinem Anblick in die Laken kotzen.

Rinka legt sich in die Badewanne. Blick auf die Tür, die nicht abschließbar ist. Seit langem schon wollte sie einen Riegel anbringen. Sie fühlt sich verfolgt und gejagt. Warum ist die Tür nicht abschließbar? Ob er auf die Toilette geht, obwohl jemand in der Badewanne liegt? Rinka versteift sich, lässt sich nicht weinen. Hart bleiben. Sie bleibt hart und stumm.

Wasser. Der Dreck soll herunter, ihr versteinerter Körper soll glänzen wie ein geputzter Kiesel. Rinka scheuert und schrubbt, putzt die Zähne, wäscht die Haare, will sich aufreißen, das rohe Fleisch abspülen, sich ganz und gar waschen. Dauernd hat sie Angst, jemand könnte hereinkommen und sie ansehen.

Während sie aus der Badewanne steigt, fühlt sie sich schmutzig.

»Du bist nicht die Alte«, sagt Barbara beim Abendessen.

Rinka schweigt. Barbara redet den Abend fort, spricht von Männern, Beziehungen, Kindern. Rinka schweigt. Von Tag zu Tag wird es stummer in ihr. Sie denkt nichts mehr, weiß nichts mehr. Sie hat verloren. Die Gelegenheit, zu sprechen, ist vorbei. Als sie zurückkam, hat sie nicht gefordert, Barbara solle ihr zuhören. Rinka ist misstrauisch. Sie wollte nicht riskieren, dass Barbara ihr sagt, was sie hätte tun können. Rinka wollte nicht hören, ob sie vielleicht doch selbst schuld sei. Sie weiß nicht, wie Barbara denkt. Über Männer, Arbeit, Politik haben sie oft gesprochen, auch über Kindheit, Eltern, Anmache, im Dunkeln spazieren gehen, aber nicht darüber, dass sie selbst angegriffen werden könnten. Sie fühlt auf der Zunge, dass man über solche Gewalt nicht sprechen darf. Das Tabu macht sie stumm. Sie hat sich eingerichtet im Schweigen. Ihre eigene innere Stimme sagt auch nichts mehr. Nur noch Rauschen ist in ihr. Und das Herz klopft immer weiter. Rinka wünscht sich eine gleichaltrige Freundin. Ihre früheren Freundinnen rufen nicht mehr an, ihr Leben unterscheidet sich zu sehr von Rinkas. Sie gehen noch zur Schule und wohnen noch bei den Eltern. Aber dennoch wünscht sich Rinka eine Freundin, die nicht schon alles erlebt hat, eine, mit der sie zusammen ratlos sein kann. Zum ersten Mal, seitdem sie Barbara kennt, geht es ihr so. Bisher hat Rinka ihr alles anvertraut, so wie sie wollte Rinka auch leben: eigenes Geld verdienen, kommen und gehen, wie sie möchte, keiner schreibt ihr etwas vor. Für Barbara hätte Rinka alles getan, aber ihr berichten, was geschehen war, das schafft sie nicht.

Am liebsten möchte sie umsorgt und beschützt werden wie ein kleines behütetes Kind.

Rinka wählt seine Nummer. »Ich bin wieder zurück...«, sagt sie.

»Du rufst ja gar nicht an, ich warte dauernd darauf«, sagt der Junge, der vor den Ferien ihr Freund war.

»Tut mir Leid. Ich konnte nicht. Kann dir nicht erklären, warum. Wir können uns nicht mehr treffen. Du kannst nichts dafür.« Er sagt nichts mehr, sie legt schließlich auf.

Ich mochte ihn. Aber er ist aus einem früheren Leben. Als Rinka noch jung war. Nie wieder möchte Rinka ihn ansehen, berühren, nie wieder seine Haut spüren.

Hätte sie doch Verletzungen, sichtbare Wunden, Schnittwunden. Sie könnte den Freund besuchen, ihm beschreiben, wie die Angst vor Körpern ihre Beine und Arme so fesselt, dass sie nicht mehr stehen kann.

Sie sieht in den Spiegel: Haare braun, Augen blau, Nase leicht krumm, Mund schmal, Kinn geschwungen, alles wie immer. Aber der Blick. Rinka kann sich nicht in die Augen sehen.

»Ich ziehe aus«, sagt sie, »zu meinen Eltern. Sie haben mir mein altes Zimmer freigemacht.«

Barbara zwirbelt eine Haarsträhne um den Zeigefinger und fragt nicht, warum Rinka ausziehen will. Die Decke auf dem Küchentisch ist aus weißem Plastik. Rinka weiß, sie wird aus Damast sein, wenn Barbaras Freund einzieht. Jeden Morgen werden sie beieinander im Bett liegen. Für Rinka war dreimal in der Woche schon zu viel. Abends hörte sie Keuchen und Stöhnen hinter der Wand. Ihr Würgen war lautlos.

Barbara fragt nicht, warum, aber sie nimmt Rinka in die Arme. Das mögen beide. Umschlungen stehen sie in der Küche, bis die Milch überkocht.

»Du wirst es mir später erklären«, sagt Barbara mit dem Wischlappen in der Hand.

Rinka hat den Kloß nicht nur im Hals. Auch im Kopf, im Bauch.

Die Eltern fragen nichts, der Bruder auch nicht. Er geht noch zur Schule und in den Basketballverein, samstags in die Schülerdisko. Da sehen die Mädchen nicht so schlampig aus wie Rinka.

»Ich möchte eine gepflegte Freundin haben«, sagt er, »eine, die sich schminkt.«

Die Mutter schminkt sich jeden Morgen die Augenlider, bevor sie mit der U-Bahn ins Wohnungsamt fährt, wo sie Akten und Post mit einem Wagen zwischen den Büros hin und her schiebt.

Nachts verhalten sich die Eltern still. Ein ruhiges Leben für Rinka.

Mit der Mutter kann sie schweigen und denken, sie könnte alles mit ihr besprechen. Der Vater ist Elektriker. Wenn er tagsüber nicht auf einer Baustelle war, sondern Einzelreparaturen in Wohnungen hatte, wo er auch mal einen Kaffee oder ein Bier angeboten bekommt, ist er abends nicht so müde. Dann hat er immer etwas zu sagen.

»Schön, dass du die Ausbildung hinter dir hast, aber hast du auch schon einen Vertrag?« Obwohl er genau weiß, dass sie übernommen wurde.

»Verreise nur, aber pass auf dich auf. Für Mädchen allein ist es nicht ungefährlich. Das weißt du nur noch nicht.«

Ja, ja. Alle lassen ihn reden. Ja, ja. Der Bruder ist kein Thema. Er ist jünger und trägt zu enge Hosen. Da sieht Rinka weg. »Ich mache mir ernsthafte Sorgen um sie«, hört sie die Mutter sagen.

»Du musst mit ihr reden«, entgegnet der Vater, »mit solchen Sensibelchen kann ich nicht umgehen.«

»Sei nicht so grob«, sagt die Mutter.

Rinka fährt jeden Tag zur Arbeit. Sie freut sich, wenn Klienten kommen, weil sie dann andere Gesichter sieht als immer nur das runde des Rechtsanwalts. Aber sie mag keine neuen komplizierten Fälle, weil sie dann viele Akten anlegen muss. Sie ist am Leben, sie ist überall dabei, sie lässt nichts aus: Kurse, neue Freundinnen kennen lernen, Barbara besuchen. Immer in Bewegung bleiben. Den Körper überanstrengen, um ihn zu spüren. Da ist etwas, Arme, Beine, Leib, das gehört zu Rinka. Nicht nur die Augen.

Sie geht zum Sport: Handball, Schwimmen. Und danach zum Tanzen. Rinka hält immer durch bis zum Schluss. Mit der letzten U-Bahn fährt sie nach Hause, mit letzter Kraft schläft sie ein. Die Erschöpfung braucht sie, um sich im Schlaf zu verlieren. Die Familie sieht sie nur morgens auf dem Flur. Die Mutter versorgt ihr Kind. Morgens macht sie Frühstück, weckt ihr Mädchen mit einem Streicheln über das Gesicht.

»Sollen wir dir heute Abend das Essen aufheben? Kommst du am Sonntag mit zu Onkel Rudi Kaffee trinken?«

Ein Kuss am Frühstückstisch, wenn die Mutter los muss. Manchmal: »Was ist bloß los mit dir? Wenn du doch mal was erzählen würdest.«

Rinka geht mit zwei Freundinnen spazieren. Sie setzen sich auf einen Berg. Rinka hockt in der Mitte. Unter sich fühlt sie die Spitze des Berges. Plötzlich verliert sie den Halt und rutscht. Kalt rieselt es über ihren Rücken, durch ihren Körper. Gänsehaut innen, unter der Haut. Ein Abgrund, steil und sandig. Sie klammert sich im Sand fest, er rinnt ihr durch die Finger. Manchmal verlangsamt sich der Sturz, manchmal rollt sie, fällt ein großes Stück. Sie ist allein. Schwindel im Kopf. Dann kommt sie an eine Öffnung, einen

Vorsprung, eine Höhle, sie geht hinein. Kacheln, hellgelb. Diese Höhle ist ein gekacheltes Klo. Mehrere Kabinen, Gänge, kalt. Jeder Schritt hallt. Sind es nur ihre eigenen Schritte?

Morgens aufschrecken. Rinka will mit ihren Träumen nichts zu tun haben. Weiter.

Arbeit, Kurse, Freundinnen, Cafés, letzte U-Bahn, schlafen. Rinka will nichts verpassen. Sie könnte es für immer verpassen. In Bewegung bleiben. Immer weiter. Nur aufwachen will sie morgens nicht.

Arbeit, Feiern, in Diskos gehen, nicht mehr schlafen. Immer weiter. Nicht mehr morgens aufschrecken. Tagsüber schlafen. Rinka lebt mit ihrer letzten Kraft.

Sie lebt. Warum kann nicht alles so sein wie früher. Früher war dieses Leichte in ihr, auch beim Weinen die schwebende Sicherheit, es wird alles wieder gut, es geht vorbei. Nun ist nichts mehr in ihr.

Arbeit, Freundinnen, Disko.

Rinka bewegt sich. Immer die Letzte. Sie geht, wenn die Stühle hochgestellt werden.

»Du amüsierst dich, du genießt dein Leben«, sagt der kleine Bruder neidisch.

Aber es ändert nichts. Nichts wird sein wie vorher. Nie. Und dann ist Rinka mit ihrer Kraft am Ende.

Die Nacht verdrückt sich, zögernd verblasst der Mond. Die Vögel singen gegen den Wind den Morgen herbei. Ein Specht klopft ein Loch in Rinkas Kopf. Sie läuft. Dunkel ist es plötzlich um sie, in ihr, dunstig und neblig. Ein Kribbeln steigt ihr von den Füßen in den Kopf. Vor jedem Schritt tritt sie in die Luft, um sicher zu sein, dass niemand vor ihr steht. Es wird dunkler, als die Nacht sein kann. Plötzlich greift jemand von hinten nach ihr, plötzlich ist sie starr wie Holz.

Bis zu den Knöcheln sinkt sie ein ins Laub. Ihre Augen sind dünnblauer Himmel, ihre Haare hellbraunes Buchenlaub. Der Wald ist zu einem Bett gepolstert.

Rinka spielt. Können meine Füße so zart ins Laub sinken, dass meine Ohren es nicht knistern hören?

Als sie die Augen wieder geöffnet hat, sieht sie ihre abgelegten Überreste vor sich liegen. Die Sonnenstreifen, die sich zwischen den Baumstämmen hindurchstehlen, spielen mit den Schatten der Rippen. Weich liegen, wegschlafen.

Sie liegt weich und sinkt. Der Boden saugt sie auf. Lass mich nicht mehr los. Alle Blätter leuchten Herbst heran. Wald wächst über sie hinweg.

Die Sträucher straucheln über mich, der Winter schneit, das Eis friert mich. Der Morgen kriecht durch den Wald, und der Wind lässt die Birkenblätter klimpern. Mit dem

Harzgeruch der Tannen schleicht sich der Duft des alten Laubes in Rinkas Körper und legt ihre Gedanken still. Dann hört sie die Vögel. Krah krah. Flügelschlagen ist über ihr und dann nicht mehr. Die hohen Buchen mit ihren glatten Stämmen stehen wie Riesen umher und rauschen sich gewaltige Geschichten zu. Es knackt irgendwo, sehr dicht bei ihr. Ein Reh steht da, still sieht es Rinka an. Sie bewegt ihren Kopf, es dreht sich um und springt davon.

Die Sonne steigt über die Baumkronen, aber sie ist schwarz. Trotzdem ist der Himmel hell. Die Vögel plärren Rinkas zernagten Schädel an. Der Boden nimmt sie.

Ich denke nicht mehr vor, nicht zurück, nichts mehr. Bin hautlos und friere nie. Bald wird der Brustkorb zusammenfallen, der Herbst mich bedecken. Ich werde verschwinden.

Das letzte Fleisch hat die Farbe der Bäume angenommen. Es ist zerfurcht wie die Rinde. Ameisen laufen auf ihrer Straße über das linke Bein. Ich habe Wurzeln aus mir wachsen lassen. Da, wo der Bauch war, ist jetzt nur noch ein Loch. Tiere haben sich satt gefressen. Die abgenagten Knochen sind mit Moos bewachsen, verlorene Äste, die im Walde modern.

Ich wusste nicht, dass ich etwas hätte tun können.

Die Haare schmiegen sich dem Boden an, liegen wie Gras zwischen den Gräsern, mit Tannennadeln und Laub vermischt.

In diesem Wald geht kein Mensch vom Weg ab.

Vom Gesicht sind nur noch Backenknochen, Zähne und Nasenwurzel übrig. Der Winter hat die letzte Haut mitgenommen. Die Erde birgt mich in sich, tiefer möchte ich mich verkriechen, vom Herbst bedeckt, vom Winter zerfroren, vom Sommer überwachsen werden. Der Frühling wird durch mich hindurchblühen. Er hilft mir.

Wie oft fällt ein Mensch, bis er lernt?

Zu Ende. Die Straßen sind nicht mehr wie früher. Auf den Straßen ist ein stiller Krieg.

Jeder Mann könnte Rinka angreifen. Woran soll sie die Männer erkennen, die es nicht tun werden? An den Haaren? An der Nase? Überall laufen Paare herum. Stehen im Hauseingang und küssen sich. Seine Hand liegt in ihrem Nacken, sie hält die Augen geschlossen. Paare liegen im Park, gehen Arm in Arm, Hand in Hand. Wie früher. Rinka ist nicht mehr wie früher.

Den Anblick einer männlichen Hand auf einem weiblichen Bein, einer weiblichen Hand auf einer männlichen Hüfte kann sie nicht ertragen. Der fickt sie, der schwängert sie. Wie kann sie sich anfassen lassen, wie ihn anfassen wollen?

Die Angst fällt sie an, wenn in der U-Bahn ein Mann neben ihr steht und mit ihr aussteigt. Oder wenn auf dem Bahnsteig ein Mann hinter ihr steht und wartet. Es ist nicht so eine Angst wie früher in der Schule, beim Schummeln während einer Klassenarbeit, oder die Angst, vom Vater eine Ohrfeige zu bekommen, weil sie eine Stunde zu spät nach Hause kam. Es ist Angst um ihr Leben. Sie wechselt an der nächsten Station den Wagen, wenn ein Mann sie länger ansieht. Spricht sie einer auf der Straße an, springt sie zur Seite, bereit, zuzuschlagen, und wenn er nur nach dem

Weg oder nach der Uhrzeit gefragt hat. Rinka will Männer nur von hinten sehen und keine Uhr mehr tragen.

Rinka bleibt zu Hause. Aber der Bruder ist ein Mann, der Vater ist ein Mann. Kann sie in ihrem Zimmer sicher sein? Im Bad schließt sie sich jetzt immer ein. Die Mutter schabt Mohrrüben mit Solingen rostfrei. Zu Hause ist es nicht mehr wie früher.

Rinka kann nicht mehr Klavier spielen. Sie sitzt vor den Tasten, und alles krampft sich zusammen, Schultern, Hände, Herz. Sie hat keine Musik in sich, keinen Ton.

Zu Hause ist alles wie immer. Nur Rinka hat sich geändert. Sie ist ein Tier geworden, das für seine Nahrung nicht selbst sorgen kann. So ein Tier überlebt nicht.

Sie lässt sich die Haare lang wachsen. Das ist das Einzige, was sie geschehen lassen kann. Die Fingernägel wachsen auch. Ihre Blutung kommt monatlich, als sei nichts gewesen.

Rinka ist es egal, was sie tut, sie ist ein Nichts. Dem Nichts ist es egal, wo es lebt.

Die Wand erträgt Rinkas Blick, das Muster auf dem Teppich auch. Sie sitzt in ihrem Zimmer in einem niedrigen Sessel und folgt den Linien und Ornamenten mit den Augen und unterscheidet die Tür nicht von der Wand. Sie steht in Diskotheken herum und starrt die Leute an, steht am liebsten an der Wand oder in Ecken mit Überblick, denn sie will nicht, dass jemand hinter ihr steht. Aber die Diskogänger sind keine einzelnen Menschen. Und in der Disko braucht sie nicht zu sprechen, nicht abweisen, nicht erklären. Sie ist eines von vielen leeren bleichen Gesichtern.

Wenn die Barhocker auf die Tische gehievt werden, die Gläser beim Spülen klirren, geht Rinka nach Hause. In der U-Bahn sitzen dann all die Menschen, die mit dicken Augen zur Arbeit fahren. Rinka ist müde, weil sie nicht geschlafen hat, die anderen sind müde, weil sie zu früh aufgestanden sind. Sie gähnen sich an. Zu Hause sinkt Rinka ins Bett und schwänzt die Arbeit.

Dann angelt sie sich einen Krückstock namens Georg. Er arbeitet in der Disko. Er erledigt die Drecksarbeit, schiebt sich die ganze Nacht zwischen schwitzenden, saufenden Leuten hindurch und sammelt Gläser ein. Georg ist immer müde, und jede seiner Bewegungen passt sich seiner momentanen Stimmung an. Wenn er traurig ist, sind seine Arme, Beine, sein Mund, seine Augen grau, langsam. Fühlt er sich gut, schwingt sein Körper mit, die Augen leuchten. Das ist gut so, denn die Musik ist viel zu laut, als dass sie sich unterhalten könnten. Und er ist sanft und ruhig und fragt nichts, nie. Ungefährlich ist er.

Rinka kettet sich an ihn, stützt sich bei ihm ab. Wenn er etwas sagt, versteht sie ihn nicht, und manchmal verzweifelt sie daran, denkt, er habe etwas für sie Lebenswichtiges gesagt, ja, vielleicht. Er stützt sie und kennt ihre Gedanken nicht, so wie sie seine nicht kennt, weil die Musik es nicht zulässt. Bevor Rinka ihn sieht, zittern ihre Magenwände und ihre Handflächen werden feucht: Jedes Mal die geheime Angst, diesmal könne er sie nicht mehr mögen, diesmal verstehe sie nicht, wieder nicht, wenn er ihr etwas Wichtiges, etwas Liebes sagt. Ist sie dann bei ihm, fühlt sie wieder die Leere in sich.

Rinka und Georg versuchen nicht mehr, in der Disko miteinander zu sprechen. Wenn Rinka lächelt, ist ihr Mund gefroren. Sie fühlt sich lebendig begraben. Sie braucht ihn zum Überleben, er ist ihr Strohhalm zu ein paar Tropfen Standkraft. Was sie für ihn bedeutet, weiß sie nicht.

Umarmen sie sich, steigt Panik in ihr auf. Die Angst eines Kindes, ihn zu verlieren, verlassen zu werden. Jede Umarmung ist ein Schock für sie, ein Blick in den Abgrund, und da ist kein Horizont, nur endloses Grau. Jede Umarmung zeigt ihr die Leere. Sie will nicht sterben, sie will nicht leben. Es ist nicht so, dass sie irgendetwas will. Sie will nicht schlafen, nicht wach sein, nicht zu Hause sitzen, nicht von zu Hause weggehen. Kein Wille, keine Freude, keine Liebe, kein Ärger, keine Wut, kein Hass. Ihr Blut ist grau. Georg berührt sie durch die Haut hindurch. Er ist ihr Spiegel.

Sie trifft ihn fast jeden Tag, nicht nur in der Disko. Sie besucht ihn auch in seinem Zimmer. Da sie in der Disko nicht sprechen, schweigen sie auch daheim. Sie liegen nebeneinander im Bett, lesen oder schlafen. Georg lässt Rinka in Ruhe, er redet nicht, und sie beginnt zu weinen. Klammert sich an ihn und weint. Er fragt nichts. Rinka denkt, hilf mir. Hilf dir selbst, er wird es nicht tun, denkt sie. Und sie schreit, aber er hört es nicht, weil sie den Mund nicht öffnet. Hilf dir selbst, niemand wird das jemals für dich tun. Niemand wird dich beschützen. Nie.

Könnte ich doch sein wie vorher.

Dieser fremde Mann wollte dich, deinen Willen brechen mit dem Spaß, den jemand hat, der auf eine Fliege schlägt, trifft und zusieht, wie sie langsam zappelnd stirbt.

Lass es nicht zu. Bleib nicht zerschlagen liegen, raff dich wieder auf. Niemand soll dich je wieder niedertreten.

Lass es nicht zu. Rinka kann ihre Gedanken nicht abstellen.

Sie wischt sich die Augen, steht auf, zieht sich an und verlässt Georg.

Langsam steckt sie den Schlüssel ins Schloss, die Tränen noch wie Klumpen im Hals. Sie zieht Jacke und Schuhe aus, holt sich ein Glas Rotwein aus dem Wohnzimmer.

»Hast du was?«, fragt die Mutter mit jenem Blick, der sagt, sie mache sich Sorgen und ob denn wirklich alles in Ordnung sei. »Nein«, antwortet Rinka und geht schnell wieder hinaus.

In ihrem Zimmer stellt sie den Wein und einen Kerzenhalter auf den Teppich, legt Kissen hin, zündet die Kerze an und hockt sich nieder. Zum Schreibtisch schielt sie: Da sind die vier Zettel drin, die sie aus ihrem Heft gerissen hat, weil sie nie wieder erinnert werden wollte. Seit Monaten hat sie Angst vor diesen Zetteln, die in der Schublade weit hinten liegen. Verschwindet, ihr Zettel, löst euch in Luft auf. Rinka hat sie nicht einmal angefasst. Es sind die Zettel, auf die sie schnell alles geschrieben hat, damals im Zug. Damals, als sie sich verloren hatte. Als sie noch nicht ahnte, dass ihr Körper nicht vergessen würde.

Jetzt steht sie auf und geht zum Schreibtisch. Sie zieht die

Schublade heraus und starrt auf das Papier, ihre blaue Tintenschrift. Jetzt nimmt sie die Zettel in die Hand und setzt sich wieder auf den Teppich.

Was für eine Schrift. Wackelig. Mit den Fingerspitzen hält sie die Blätter. Das Kerzenlicht fällt auf den Wein und verändert die Farbe. Er ist nicht mehr tiefrot wie Schorf, sondern leuchtet in hellen Tönen. Wenn die Kerze flackert, bewegt sich auch das Licht im Wein.

Es war im letzten Herbst. Rinka hatte Urlaub und Berufsschulferien. Sie will eine Freundin in Worms überraschen, einfach vor der Tür stehen mit ihrem Gepäck: Hier bin ich. Die Freundin hatte oft geschrieben, komm doch mal.

Rinka hat eine Mitfahrgelegenheit vom Fehrbelliner Platz bis zum Hauptbahnhof Kassel. Die Fahrerin des Autos ist schweigsam, hört Musik von Led Zeppelin, darüber schläft Rinka ein. Im Bahnhof Kassel kauft sie eine Fahrkarte nach Worms über Frankfurt. Zu trampen traut sie sich heute nicht mehr, es wird schon dunkel. Gegen zehn Uhr fährt ihr Zug in Frankfurt ein. Rinka bleibt sitzen, bis der Gang frei ist. Dann steigt sie aus, es ist ein langer Weg bis zur Bahnhofshalle. Der Rucksack zieht an ihren Schultern, jemand hastet an ihr vorbei, schlägt seinen Koffer in ihre Kniekehle, beinah wäre sie eingeknickt und umgefallen. Rinka bleibt stehen und setzt den Rucksack ab. Einen dicken Pullover wühlt sie heraus, zieht die Jacke aus, den Pullover an, die Jacke darüber, sie polstert sich.

Von der großen Uhr sieht sie zum Fahrplan. Da stellt sie fest, dass der letzte Zug nach Worms vor einer halben Stunde abgefahren ist. Der erste Morgenzug geht gegen sechs.

Barbara nimmt auf jede Reise Geld für Notfälle mit,

aber Barbara ist nicht da. Rinka möchte für eine halbe Nacht kein Hotelzimmer mieten. Sie wird die Zeit schon totschlagen, bis es wieder Tag ist. Sie gibt sich einen Ruck, läuft los in Richtung Eingangshalle.

Vor einem Kiosk steht ein bärtiger Mann mit weißem Haar und gestikuliert heftig. Er trägt einen grünen Parka, wadenlange Hosen, hautfarbene Nylonstrümpfe, Schuhe mit hohen Absätzen und redet auf drei Männer ein, die eine Flasche Korn und eine Zweiliterflasche Fusel kreisen lassen.

Andere Männer, die vor den Bahnsteigen auf und ab laufen, den Zügen mit auf dem Rücken verschlungenen Händen nachsehen, die Reisenden beobachten, sind nüchtern. Rinka schrumpft, während sie sich an denen vorbeidrückt. Sie ist ein kleines Mädchen, das sich in einer fremden Gegend in eine Eckkneipe verlaufen hat. Wer hat Angst vorm schwarzen Mann? Rinka.

Die Männer schlendern von Bahnsteig zu Bahnsteig und wieder zurück zur Eingangshalle. Alle Züge fahren ohne sie fort. Vor den Schaukästen des Bahnhofskinos bleiben sie stehen: Die geile Nena geht auf Männerjagd, auf Nenas Brustwarzen klebt je ein schwarzes Sternchen. Nonstop, 24 Stunden, hier erleben Sie immer was. Die Männer drehen sich um nach Frauen wie Rinka, nach jungen Frauen, die herumstehen und nicht abgeholt werden, die nicht zu den Bahnsteigen, nicht zum Ausgang, nicht zu den Fahrkartenschaltern und auch nicht in eine Telefonzelle gehen. Männer, die auf Frischfleisch zum Anfassen warten.

Rinka will nicht in den Wartesaal, sie will in diesem

Bahnhof, in der Nähe dieser Männer, nicht bleiben. Sie ist nicht mutig. Heute schon gar nicht. Irgendeiner wird sie hier doch ansprechen, wird ihr nachlaufen, sie berühren, hier fühlt sie sich nicht sicher. Sie geht hinaus in die fremde Stadt, zieht die Schultern hoch und den Kopf ein und denkt, jeder müsse ihr ansehen, dass sie nicht von hier ist.

Spielhallen, Sexbars, Pornokinos, Imbisse. Rinka läuft und läuft, immer weiter geradeaus, kehrt zwischen Hochhäusern um, sieht starr auf ihren Weg, will keinem Blick begegnen und landet schließlich in einem Schnellrestaurant: türkise Bänke, pinkfarbene Wände, hellgelbe Tische. Riesige glänzende Hamburger blinken von den Preistafeln. Nicht nur Männer sitzen hier, auch Familien, Mädchen, Frauen. Und dann gibt es noch die Kassiererinnen mit den roten Hütchen. Hier kann Rinka bleiben, so lange sie will.

Einen Hamburger und ein Milchshake kauft sie sich. Ihre Augen sagen: Ich bin das erste Mal von zu Hause fort. Dabei ist ihr nur zum ersten Mal der Zug weggefahren. Sie hebt den Blick nicht vom Essen, die Zeit vergeht so elend langsam.

Dann plötzlich fragt ein Mann: »Darf ich mich zu dir setzen?«, und setzt sich einfach.

Rinka rutscht auf ihrem Stuhl hin und her. Sie will nicht aufstehen, der kann sie doch nicht einfach vertreiben, mit ihm reden will sie auch nicht.

»Ich heiße Gerald. Und du?«, fragt er.
»Rinka.«
»Und was machst du hier?«
»Ich bin unterwegs.«

»Du bist ziemlich jung«, sagt er. »Wohin bist du denn unterwegs?«

Rinka kann nicht anders, als seine Fragen beantworten, und ärgert sich, dass sie es tut.

»Ich will nach Worms, aber der Zug fährt erst morgen Früh«, sagt sie, presst die Lippen zusammen, weil sie nichts mehr sagen will. Dann steht sie auf.

»Bleib doch noch«, sagt Gerald.

Sie setzt sich wieder. Wie eine Krankheit ist er, die einen befällt, wenn es an Abwehrkräften fehlt.

»Du hast so viel Zeit, du willst bestimmt die Nacht nicht auf dem Bahnhof verbringen«, sagt er.

»Ist unangenehm da«, sagt Rinka.

»Ja, das kann ich mir vorstellen. Wer weiß, was da alles passieren kann. Da braucht man sich nur mal die Kerle ansehen, die da rumlaufen. Würd ich nicht aushalten, wenn ich eine Frau wäre, die ganze Nacht auf dem Bahnhof.«

Rinka schweigt.

»Ich studiere Soziologie«, sagt er. »Und was machst du?«

»Ich bin Renogehilfin.«

»Wo kommst du her?«

»Aus Berlin.«

»Das ist eine schöne Stadt. Ich war schon mal da«, sagt er.

»Darf ich dich zu einem Wein einladen?«

Rinka zögert, schüttelt dann den Kopf.

»Nicht bei mir zu Hause«, sagt er. »Hier in der Nähe ist eine nette Kneipe. Da könnten wir hingehen.«

Rinka hat Angst im Bauch, geht trotzdem mit; ihr Blick sucht unterwegs nach Straßennamen, die sie sich merken könnte. Sie fühlt sich verloren, ein Schmuckstück, das man auf der Straße findet, in die Tasche steckt und mitnimmt.

»Meine Schwester ist bei mir, die holen wir noch ab«, sagt er. »Sie wird dir sicher gefallen, sie ist in deinem Alter. Und es ist doch schöner für dich, wenn wir uns die Nacht über unterhalten. Auf dem Bahnhof wirst du nur angemacht.«

Rinkas Verstand hat die Angst im Griff. Sie stellt Fragen: Er kommt aus Fulda, hat diese Schwester und einen Bruder, ist zum Studieren nach Frankfurt gezogen.

»Du kannst deinen Rucksack bei mir abstellen, und dann gehen wir alle drei in die Kneipe«, sagt er.

Warum ist Rinka mitgegangen? Sie folgt ihm, als sei sie an die Leine gelegt.

Es wäre gut, denkt sie, wenn irgendjemand mich sieht. Irgendwer soll sie bemerken und sich wundern, was diese junge Frau mit diesem Mann zu schaffen hat. Irgendwer soll denken: Da stimmt doch was nicht. Und Rinka denkt es selbst. Ihr Herz klopft. Sie spürt es und schleppt ihr Gepäck allein.

Dann biegen sie in eine schmale Straße ein und gehen auf ein Haus zu, das wie eine vergessene kleine Kaserne aussieht.

»Das Studentenwohnheim«, sagt er. »Hier wohne ich.«

Hinter ihm steigt Rinka die Treppen hoch, der Rucksack wiegt Kilos mehr als im Bahnhof. Stufe um Stufe schleppt sie ihn allein.

»Lass dir doch tragen helfen«, sagt er. »Nein«, antwortet Rinka. »Ich schaff es schon.«

Es ist, als wolle sie mit diesem Nein etwas verhindern, eine Leistung verweigern, die er fordern könnte, wenn sie ihn den Rucksack tragen ließe. Im fünften Stock schließt Gerald die Tür zu einem Zimmer auf. Drinnen ist es schummrig, auch bei Licht. Rinka erkennt einen Schrank mit Vitrine, ein Bett, einen niedrigen Tisch, einen klobigen Sessel. Die Schwester ist nicht da. Natürlich ist sie nicht da.

Warum ist Rinka nicht auf der Stelle gegangen?

»Ich glaube, meine Schwester hat sich verspätet«, sagt er. »Aber sie muss gleich kommen.«

Rinkas Herzklopfen sagt, dass er lügt.

Er öffnet den Schrank, an der Innentür kleben Familienfotos.

»Das ist meine Schwester«, sagt er. »Da kommt sie gerade von der Schule. Das ist unser Haus. Hier ist meine Schwester mit einer Freundin. Nach dem Abitur will meine Schwester studieren. Vielleicht Informatik. Da gibt es nicht viele Frauen, aber sie wird es schon schaffen. Du wirst sie ja kennen lernen.«

Je mehr er redet, desto größer wird Rinka. Sie vergisst die Angst, die sie eben noch hatte. Der lügt und verrät sich und lügt weiter. Ach, was kann der mir.

»Stell doch deinen Rucksack ab«, sagt er und zeigt auf die Ecke neben dem Bett. Er ist nervös wie ein Tier, das seine Beute bewacht, beobachtet jede ihrer Bewegungen.

Das ganze Zimmer ist schmuddelig. Die Möbel sehen aus wie zu lange benutzte Hotelmöbel: angeschlagene Ecken,

Brandflecken von Zigaretten auf dem Tisch, der Sessel ist abgewetzt. Rinka lässt sich in den Sessel fallen. Durch den niedrigen, aber breiten Tisch ist er vom Bett getrennt.

»Ich muss nur mal aufs Klo«, sagt Gerald. »Bin gleich wieder da.«

Warum ist Rinka in diesem Augenblick nicht aufgestanden und gegangen? Schnell kommt er zurück, schließt die Zimmertür ab, setzt sich aufs Bett und starrt Rinka an.

Er hat abgeschlossen. Aber den Schlüssel hat er stecken lassen, denkt Rinka, sieht zur Tür und sieht, dass der Schlüssel nicht mehr im Schloss steckt. Sie will aufspringen, flüchten, sie rührt sich nicht. Sie schwört sich nur, komme was wolle, in diesem Sessel sitzen zu bleiben, wach zu bleiben, bis es draußen hell wird, die Zeit vergangen sein wird, bis sie gehen kann.

»Setz dich doch zu mir«, sagt er. »Du bist bestimmt müde.«

»Ich bleib hier sitzen. Geh du ruhig schlafen, wenn dir die Augen zufallen.«

»Dann unterhalten wir uns. Komm doch her, hier sitzt du bequemer.«

»Wir können auch reden, wenn ich im Sessel sitze.«

»Bist du nicht müde?«

Er fragt in scharfem Ton, ein bisschen lauter als zuvor, rutscht auf dem Bett hin und her, lehnt sich zurück, setzt sich wieder auf. Rinka lässt ihn nicht aus den Augen.

Da hat er sich angestrengt bis Mitternacht, denkt sie, und nun sitzt die Braut im Sessel fest. Das Heraus- und Herumreden beginnt, das alte Spielchen.

Warum willst du dich nicht zu mir setzen? – Ich will einfach nicht. – Aber warum? Magst du mich nicht? – Ich hab nichts gegen dich. – Dann komm doch. – Nein, ich sitz gut hier. – Du magst mich nicht. – Wir können uns unterhalten, aber ich bleib hier im Sessel. – Du bist schön. Das habe ich gleich gedacht, als ich dich im Restaurant gesehen habe. – Deswegen setze ich mich trotzdem nicht zu dir. – Wann war dein erstes Mal? – Mein was? – Sag doch. Oder bist du verklemmt? – Vor zwei Jahren. – Zwei Jahre Erfahrung, das geht ja. – Jetzt reichts mir. Lass mich in Ruh. – Ich bin in dich verliebt. – Na schön. – Bin ich nicht dein Typ? – Bist du nicht. Ich mag keine blonden Männer. – Komm doch, du willst doch. Sei nicht so schüchtern. – Jetzt werde ich gleich sauer. Ich bleibe im Sessel sitzen, oder ich gehe. – Ach was, Frauen können immer. – Ich dachte, du wolltest dich unterhalten. – Will ich auch.

Rinka wird sich wehren können gegen die Worte, mit denen er sie fangen will. Das kennt sie schon alles, das gehört zum Alltag mit Männern, als könne man Berührungen mit Argumenten regeln. Sie wird damit umgehen können, denkt sie.

Plötzlich steht er vor ihr, über ihr. Er packt sie an den Armen und versucht, sie hochzureißen.

»Los, steh auf. Es reicht jetzt. Geh rüber zum Bett. Und zwar sofort.«

Rundrum um die Iris ist das Weiße zu sehen. Seine Augen sagen: Ich will es, und ich werde es tun. Rinka windet sich, er zerrt an ihr, aber seine Kraft reicht nicht, sie aus dem Sessel zu ziehen. Dann hat er ein Messer in der Hand, wo hat er das Messer her. Rinkas Augen sind nass. Mit der Messerspitze unterm Kinn steht sie auf, mit der Messerspitze am Bauch sinkt sie langsam aufs Bett. Sie versucht immer wieder hochzukommen, so lange, bis sie das Metall wieder an der Haut spürt, am Bauch. Und sie weiß, es geht erst los, das ist nur der Anfang.

Ich bin es. Ich bin es, die das erlebt. Es ist nicht wahr. So was liest man nur in der Zeitung. Und wieso gerade ich? Mir nicht. So was schon gar nicht.

Rinka staunt und schwitzt und zittert. Das Messer berührt die Haut, also muss ein Loch im Pullover sein. Aber den hat ihr Barbara doch geschenkt. Rinka sitzt auf dem Bett, gleichzeitig steht sie im Raum und beobachtet, was ihr passiert. Sie sieht sich tot daliegen, Loch im Bauch, blutdurchtränktes Laken, wie hart kann eine Bauchdecke sein. Gibt es so was nicht nur im Film?

Sie will etwas sagen, öffnet den Mund, aber es kommt kein Ton heraus.

Da weint sie. Es ist kein Schluchzen, es ist bloß Wasser, das fließt, Angst, die fließt.

Hätte sie nur einmal mit anderen Frauen darüber gesprochen, wie sie sich gewehrt haben, als sie angegriffen worden sind.

Rinka sagt: »Das Messer, leg das Messer weg.« Dann sagt sie: »Tust du das auch mit deiner Schwester?«

Er legt das Messer auf den Tisch, hält Rinka fest und wartet. »Ich habe gerade meine Tage. Ich blute«, sagt sie.

»Hör doch auf mit der Tour, das ist doch alles Scheiße«, sagt er, und das Messer ist ihm wieder in die Hand gerutscht.

Er kennt das schon. Der Gedanke erstaunt sie. Kennt er schon, was er tut? Hat er es schon einmal getan? Oder mehrmals? Und Rinka ist so wenig überzeugt, sie könne ihn überzeugen, dass sie nichts mehr sagt.

Gibt es einen Knall, wenn die Bauchdecke durchstoßen wird? Stich doch zu, könnte sie sagen, so cool wie im Film. Und wo willst du nachher mit meiner Leiche hin?

Halb offener Mund, sie kann es nicht sagen. Mit einem Ruck wirft er sich auf sie, hält ihr mit einer Hand Mund und Nase zu. Rinka wird es schwarz vor Augen.

»Du bist still, du schreist nicht«, flüstert er.

Jetzt sterbe ich. Die Worte laufen an ihren Augen vorbei. Rinka dreht sich, wimmert, versucht vergebens, ihren Mund freizubekommen, wimmert aus der Tiefe, eher ein gurgelndes Geräusch. Weit aufgerissen sind ihre Augen. Und er presst seine Handfläche gegen ihre Nase, drückt mit dem Handballen ihren Mund zu; seine Finger liegen über ihren Augen. Der Druck im Kopf steigt. Das Vakuum. Sie zappelt und zuckt, schlägt um sich mit Armen und Beinen, er lässt nicht los. Dann liegt sie schlaff, dann ist es leer im Kopf, dann lässt er los.

Stoßweise atmet Rinka ein und weiß zum ersten Mal, was Atmen bedeutet. Sie hustet und atmet, hustet Angst und atmet Luft und setzt sich auf.

Gerald hält ihr das Messer an die Kehle. In ihrem Kopf scheint alles zu schwimmen.

Wie das Blut spritzt. Ich wollte noch so viel machen im Leben. Ich habe doch Ferien. Im Film tun die Frauen alles, was von ihnen verlangt wird. Das hat mich immer geärgert.

Rinka sucht und sucht, gräbt ihr Hirn um und findet keine Erfahrung, die ihr helfen könnte.

»Ich mach dir das Gesicht kaputt, das sieht man dann dein Leben lang«, sagt er. Dabei lässt er die Klinge an ihrer Wange entlanggleiten, langsam. Rinka spürt die Zacken. Er hält ihr die Messerspitze vor die Augen, Rinka rührt sich nicht, hält sogar den Atem an.

Einmal haben sie einen Jungen entführt und ihm das Ohr abgeschnitten, der lebt noch.

Gerald streicht mit dem Messer an ihren Lippen entlang. Solingen steht auf dem Messer, rostfrei.

»Du wirst dich nie wieder unter Leute trauen«, sagt er.

Es ist nur ein lächerliches Küchenmesser mit Zacken, eines, das Rinka immer zu groß fand, um damit Kartoffeln zu schälen.

Gerald sticht in ihre Jacke und sagt: »Zieh das alles sofort aus.«

»Lass mich los. Und das Messer muss weg«, sagt sie sehr leise.

Tage könnten vergangen sein. Rinka ist nicht mehr da.

»Ich warte nicht mehr lange«, sagt er. »Tu jetzt, was ich dir sage.«

»Das Messer muss weg«, sagt sie.

Er legt es auf den Tisch, lässt sie los, lauert. Rinka richtet sich auf, starrt in den Raum hinein.

Aufstehen, Gepäck nehmen, rausrennen. Die Tür ist verschlossen. An die Tür hämmern und schreien. Er bringt mich noch richtig um.

Der Mann schwitzt, eine Verschnaufpause, dann stößt er

Rinka mit beiden Händen um. Wie ein Sack fällt sie aufs Bett, Rinka gibt es nicht mehr. Er klemmt sie zwischen Matratze und seinen Körper ein, greift ein Bild vom Fensterbrett über dem Kopfende des Betts. Rinka erkennt ein kleines Relief aus Plastik, das die Jungfrau Maria mit dem Säugling Jesus im Arm zeigt, goldumrandet.

»Die heilige Maria vergibt mir alle Sünden«, sagt er. »Sie ist eine Frau und weiß, was ein Mann braucht. Ich kann tun, was ich will, sie wird mich verstehen und mir verzeihen.«

Er küsst das Bild und stellt es auf den Tisch. Als fühle er sich nun gestärkt, als habe der Kuss alle seine Zweifel ausgelöscht, greift er wieder nach dem Messer, setzt sich auf, reißt Rinka hoch und drückt es ihr mit Kraft an den Bauch.

»Denk ja nicht, ich stech doch nicht zu«, sagt er. »Ich tu es.«

Er tut es, und ich sterbe. Wenn sich das Messer durch die Bauchdecke schneidet, entlädt sich die Spannung mit einem Knall. Die Gedärme quellen heraus. Wie das Blut spritzt. Die zersägte Frau in der Mülltonne, der Fundort der Leichenteile wird in der Tagesschau gezeigt.

»Jetzt zieh dich endlich aus«, sagt er.

»Messer weg«, sagt sie und rührt sich nicht.

Er legt das Messer zurück auf den Tisch, neben Maria mit dem Jesuskind im Arm. Er zerrt an ihren Jeans, versucht, Rinka aus der Jacke zu winden, schlägt auf ihre Stiefel, wirft Rinka um. Sie macht sich schwer. Liegt einfach, hat keine Kraft mehr, sich zu wehren. Sie ist nur Körpermasse, ein fester Teig.

»Bist du wirklich katholisch?«, fragt sie.

»Ja«, sagt er und scheint erstaunt.

»Richtig katholisch, meine ich.«

»Ja.«

»Ich bin auch katholisch. Wie deine Heilige.«

Rinka sieht ihm ins Gesicht, nicht in die Augen. »Wie die auf deinem Bild.«

»Aber sie versteht mich«, sagt er.

»Versprich mir, bei deiner Maria, mich in einer Viertelstunde gehen zu lassen. Egal, was passiert.«

»Ich verspreche es«, sagt er. »Bei Maria?«

»Bei Maria.«

»Sieh auf die Uhr. In einer Viertelstunde lässt du mich gehen.«

Er nickt, nimmt dann das Plastik vom Tisch und küsst es. Mit der linken Hand zieht er Rinkas Kopf an den Haaren nach hinten, mit der rechten drückt er ihr das Relief ins Gesicht, auf den Mund. Rinka spürt den Druck auf den Zähnen.

»Los, küss sie. Sie wird mir alles verzeihen. Küssen sollst du sie.«

Rinka kann kaum den Mund bewegen, Maria nimmt ihr fast die Luft. Nur überleben. Er küsst das Plastik noch einmal und stellt es wieder aufs Fensterbrett, so entschlossen, als würde er sich die Ärmel hochkrempeln.

»Danach kannst du dich ausruhen, wenn du willst«, sagt er und reißt an ihren Jeans.

»Nein«, sagt Rinka. »Ich will nicht.«

»Überleg's dir«, antwortet er und öffnet ihren Reißverschluss, zieht Rinka die Stiefel ab und die Jeans von den Beinen, schiebt ihren Pullover hoch bis unters Kinn, legt seine Hände auf ihre Brüste, betastet alles, berührt sie überall, bis sie denkt, ihre Haut schält sich ab. Sich häuten. Ihm die Haut dalassen.

Gehen.

Dann versucht er, ihr seine dicke Zunge in den Mund zu schieben. Da bäumt sich Rinka auf, dreht ihren Kopf. Nur ihren Mund, nur ihr Gesicht verteidigt sie noch. Ihren Körper verliert sie. Er wird taub. Und schneller, als sie gucken kann, hat Gerald seine Hose bis unter den Hintern gezogen; bis in seinen Blick, der über ihren Körper gleitet, steht sein Schwanz. Gerald nimmt ihn in die Hand, rammt ihn in Rinka hinein, hält seinen Leib mit beiden Armen von ihrem Körper ab, einmal raus, einmal rein, er ächzt, zuckt und lässt sich auf sie fallen. Weiteratmen.

Zwischen Rinkas Beinen ist alles nass. Vielleicht hat es wirklich nur einen Atemzug lang gedauert. Die Tränen fließen an den Schläfen hinab. Gerald bleibt auf ihr liegen und bläst ihr seinen Atem ins Gesicht. Rinka hält die Luft an. Nicht seinen Atem schlucken.

»Wenn es dir keinen Spaß macht, macht es mir auch keinen Spaß«, sagt er und sieht sie ernst an. Eben hat er noch gegrinst.

Rinka versucht, ihn wegzustoßen.

»Du hast bei deiner Maria versprochen, dass du mich gehen lässt«, sagt sie.

Er dreht den Kopf zum Plastikbild und nimmt seine Hände von ihrer Haut. Rinka rollt sich unter ihm hervor, steht auf, zieht so schnell die Jeans an, dass sie fast die Hosenbeine verwechselt hätte, schlüpft in die Stiefel und dreht ihm nicht den Rücken zu, spürt ihren kalten Schweiß im Nacken. Ihre Augen sind geschwollen.

Gerald bleibt auf dem Bett sitzen und nimmt ihre Hand, Rinka wird schwarz vor Augen. Es ist alles möglich.

»Bleib doch noch«, sagt er.

»Denk an dein Versprechen.«

»Ich bring dich zum Bahnhof«, sagt er.

Plötzlich greift er nach ihrem Arm, sie fährt zusammen.

»Verzeihst du mir? Es war nicht böse gemeint«, sagt er.

»Ich wollte dir nicht wehtun«, sagt er.

Rinka schüttelt seine Hand ab und nimmt ihren Rucksack auf.

»Wozu hast du deine Heilige?«, sagt sie.

»Du musst mir verzeihen«, sagt er.

Rinka kann nicht lügen. Nein sagen? Nein, ich verzeihe dir nicht?

»Schließ die Tür auf«, sagt sie, und ihre Stimme überschlägt sich fast. Er kramt in seiner Jacke, holt den Schlüssel aus einer Tasche, steckt ihn langsam ins Schloss, dreht ihn langsam herum, öffnet langsam die Tür.

Draußen ist es noch dunkel.

Unten auf der Straße sagt er: »Du musst mir einfach verzeihen, Maria verzeiht mir auch.«

»Darf ich dich besuchen kommen«, sagt er, »in Berlin, du bist doch jetzt meine Freundin.«

Rinka hört Motorengeräusch, sie dreht sich um, es ist ein Taxi, sie winkt.

»Gib mir deine Adresse«, sagt er, »ich rufe dich an und besuche dich.«

Er legt eine Hand auf ihre Schulter, das Taxi hält, Rinka stößt ihn beiseite, öffnet die Wagentür und steigt ein. Den Rucksack klemmt sie zwischen die Beine.

»Aber du hast meine Adresse nicht«, sagt er, »warte doch noch.«

Sie schlägt die Tür zu, der Fahrer fährt sofort an.

»Zum Bahnhof«, sagt Rinka.

Am Hauptbahnhof steigt sie aus und trägt schwer an ihrem Körper. Sie steht vor dem alten klotzigen Gebäude und wundert sich, dass sie es wieder sieht, und wundert sich, dass es so harmlos dasteht. Die andere Rinka fragt: Wer ist diese junge Frau, die sich mitten in der Nacht am Bahnhof herumtreibt? Sieht ihr nicht jeder an, was sie eben erlebt hat?

Sehen nicht alle an ihren Augen, ihren Bewegungen, dass sie überlebt hat?

Rinka kann ihren Rucksack nicht hochheben, jetzt ist er einfach zu schwer. Sie geht in die Hocke, streift sich die Tragriemen über die Schultern und steht langsam und schwankend auf.

Ich spüre das Gewicht. Ich lebe.

Sie geht auf den nächsten Eingang zu, rüttelt an den Türen, die Türen sind verschlossen. Es ist ein Seiteneingang, Rinka läuft weiter, zum Haupteingang, der ist auch zu. Sie hat ein Gefühl, als drehten sich die Augen im Kopf von oben nach unten, von links nach rechts, Panik. Nur nicht wieder weinen.

»Mensch Mädchen«, sagt eine Stimme hinter ihr, »hier kommst du nicht rein. Von eins bis fünf bleiben die Türen geschlossen.«

Es ist der bärtige Typ mit weißem Haar in wadenlangen Hosen und auf Stöckelschuhen. Rinka erinnert sich und erschrickt nicht.

»Die lassen uns einfach in der Kälte stehen«, sagt er, lacht und nimmt einen Schluck aus seiner Bierdose. »Wenn du willst, kannst du mir Gesellschaft leisten.«

Rinka schüttelt den Kopf und läuft davon, an den Türreihen entlang und um die nächste Ecke. Aus den Augenwinkeln sieht sie überall Ausgesperrte, dunkle Gestalten, Männer und auch Frauen mit prallen Plastiktüten an den Händen. Vor einem Nebeneingang, der versteckt zwischen zwei Sandsteinsäulen liegt, stößt sie auf eine Menschentraube und läuft einfach hinein, drängelt sich mit erhobenem Kopf hindurch bis zur Tür und rüttelt an der Stange. ZIEHEN steht da, ein Polizist öffnet.

»Bis fünf Uhr Eintritt nur mit gültigem Fahrausweis«, sagt er und will die Glastür wieder zuziehen.

Die Männer hinter Rinka lachen.

»Wollen Sie mich etwa mit diesen Männern hier draußen stehen lassen?«, fragt sie und sieht dem Polizisten dabei in die Augen. Der zögert; dann öffnet er die Tür einen Spalt. »Aber eine Fahrkarte kaufen und vorzeigen«, sagt er und lässt Rinka ein.

In Sicherheit fühlt sie sich nicht.

Im Bahnhof steigt sie die dreckverschmierten Stufen hinunter zum Klo. Immer wieder blickt sie sich um, es folgt ihr niemand.

In DAMEN sind auf die Kacheln Schwänze gemalt, an einer Wand steht: »Willst du ficken? Dann ruf mich an«, daneben die Nummer; von den Kabinentüren starren spritzende Schwänze.

Rinka stellt den Rucksack auf den Boden, kramt eine Unterhose hervor. Dann sucht sie sich die sauberste Kabine aus, verriegelt die Tür, drückt noch mal die Klinke, die Tür ist zu. Die Klobrille deckt sie mit Klopapier ab; erst dann zieht sie die Jeans runter und setzt sich, atmet aus und pinkelt und presst das Sperma aus sich heraus. Es riecht nach Mann und zieht Fäden. Vielleicht wird sie alles noch rechtzeitig los, denkt sie: Du Dumme, entweder du bist schon schwanger oder du bist es nicht.

Draußen wäscht sie sich die Hände. Sie zieht die Stiefel aus, die Jeans, die Unterhose, wäscht sich, breitbeinig auf Zehenspitzen am Waschbecken, wäscht jedes Fältchen ihrer Vagina, will den Mannsgestank, der an ihr klebt, fortreiben, jede Berührung wegschrubben, sich die Haut abziehen. Die dreckige Unterhose wirft sie in den Abfalleimer. Dann zieht sie eine saubere Hose und Stiefel an, verschnürt den Rucksack, nimmt ihre Jacke vom Haken, wäscht sich noch einmal die Hände: zügig eins nach dem anderen, als habe sie den Ablauf vorher geübt. Dabei versteinert sie langsam. Sie panzert sich ein, hört fast eine Kruste um sich wachsen, denkt nicht mehr nach. Sie wird ein Niemand. Am liebsten hätte sie auch den Rucksack in den Müll geschmissen.

Später kauft sie sich eine Fahrkarte nach Berlin. Noch zwei Stunden muss sie überstehen, bevor der Zug abfährt. Sie wird nach Hause fahren, nicht die Freundin in Worms besuchen, keine Ferien machen. Sie wird zu Hause bleiben, im Bett liegen und sich die Decke übers Gesicht ziehen.

Rinka wundert sich, dass sie daran denken kann, was morgen oder übermorgen sein wird.

Sie setzt sich in den leeren Wartesaal auf eine Bank neben der Tür und blickt, blind für alles sonst um sie, auf die große Uhr an der Wand. Es ist kurz vor fünf. Um fünf werden die Eingänge aufgeschlossen, Leute strömen in die Bahnhofshalle, in den Wartesaal. Rinka sieht nur die Männer: Penner, Alkoholiker, gewöhnliche Reisende kommen dazu mit Schlips und glatt rasiert, große, kleine, dicke, dünne, haarige, glatzköpfige Männer. Rinka sitzt auf einem Platz, an dem alle vorbeigehen, als sei hier der einzige Durchgang. Sie klammert sich an die Bank und starrt auf den Fußboden, auf festgetretene, dunkelgraue Kaugummis, Zigarettenkippen, Papierfetzen. Sie bemüht sich, zu atmen, lebendig und doch unsichtbar zu sein, ist eingewickelt in Schweigen. Rinka hat ein Geheimnis, als habe ein Onkel ihr Bonbons geschenkt und ihr zwischen die Beine gegriffen und gesagt: »Erzähl das niemandem, sonst wirst du was erleben.«

Dann bleiben zwei Füße in ihrem Blickfeld stehen. Rinka sieht auf: Eine junge Frau in einem Arbeitskittel blickt zu ihr herab. In den Händen trägt sie einen Korb voll mit frischen Brötchen.

»Nimm dir eins«, sagt sie.

»Wirklich?«, fragt Rinka.

»Ja doch«, sagt die Frau, »greif nur zu.«

»Danke«, sagt Rinka und nimmt sich ein Brötchen, es kommt ihr vor wie ein Wunder, und die Frau bringt den Korb zum Buffet.

Rinka staunt. Sie kann noch sprechen, lächeln, sie lebt. Sie beißt vom Brötchen ab, es ist noch warm. Sie kaut und schluckt und wundert sich noch, während sie im Zug sitzt: eine unauffällige junge Frau, die reist. Ihre Augen sind geschwollen, ihre Schultern steif, sie kann die Hände nicht ruhig halten. Und es erstaunt sie, dass die Sonne aufgeht wie an jedem Tag, ein glühender roter Ball über den Bahnanlagen, durchbrochen von Signalen und Strommasten, dass sie mit ihren Augen diese Sonne sehen kann, dass ihre Augen überhaupt noch etwas sehen. Rinka wundert sich über jeden Schimmer von Leben. Sie hat ihren Tod überlebt.

Monate ringt sie nach Luft, spürt die Messerspitze an der Haut. In der Schublade des Küchenschrankes sieht sie Solingen rostfrei. Aber dann spürt Rinka eine Veränderung. Nach langer Zeit unterscheidet sie zum ersten Mal schwarze Stellen von der Dunkelheit. Sie will anfangen, mit anderen zu sprechen. Sie glaubt zu erkennen, wie es weitergehen könnte.

Ist die Angst so mit ihrem Herzschlag verbunden, dass sie wie ein Hügel zu übersteigen wäre, wenn das Herz schlägt und schlägt?

Zuerst soll ihre Mutter sie anhören. Die Mutter entließ Rinkas Körper in die Welt. Sie muss die Erste sein, die erfährt, was geschehen ist.

Vom Büro des Rechtsanwalts ruft Rinka die Mutter in deren Büro an.

»Wollen wir nachher zusammen Kaffee trinken?«

Nach der Arbeit deckt Rinka den Wohnzimmertisch für Kaffee und Kuchen. Sie hat Schwarzwälder Kirschtorte gekauft, die isst ihre Mutter am liebsten.

»Oh«, sagt die, »heute ist wohl ein besonderer Tag.«

Und Rinka spürt den Herzschlag bis in den Kopf. Ich wollte dir was erzählen, es ist mir was passiert, ich bin vergewaltigt worden, ich. Ich bin vergewaltigt worden. Die Zunge formt die Sätze. Worte pochen im Kopf.

Rinka sagt: »Nein, ich wollte es nur mal gemütlich haben.«

Nach dem Kaffeetrinken lässt sie Badewasser einlaufen, legt sich in die fast noch leere Wanne. Heute spürt sie die Kälte der Emaille nicht. Eine Stunde Kaffee trinken, eine Stunde reden wollen und doch schweigen, es hat sie so erschöpft, dass sie nicht merkt, wie das Wasser ihr Kinn erreicht, über den Rand der Wanne tritt. Das Plätschern holt Rinka aus der Erstarrung. Wasserhahn abdrehen, Stöpsel ziehen, liegen bleiben. Ihr Oberkörper trocknet. Sie passt den Stöpsel wieder ein. Den Hinterkopf auf den Rand gestützt, starrt sie auf die durch jahrelange Feuchtigkeit entstandenen Blasen in der Farbe an der Decke. Wasser schlucken, Lungenflügel überschwemmen. Einfach abtauchen, sterben, Ruhe haben. Erlöst von der Notwendigkeit zu hoffen. Nur eine kleine Bewegung, den Mund öffnen.

Rinka bleibt liegen, bis der Bruder klopft, er müsse mal, sie solle dalli dalli machen. Ob sie verstanden habe?

Rinka trocknet sich ab, gewaschen hat sie sich nicht.

Die Mutter steht in der Küche und wäscht Salat.

»Ich wollte mal mit dir reden«, sagt Rinka.

»Kannst du jetzt tun. Lass dich nicht stören, wenn ich weitermache. Ich höre dir zu.«

Rinka kämpft mit den Klumpen schwabbeliger Masse im Hals, im Kopf.

»Oder ist es was Ernstes?«, fragt ihre Mutter.

»Hast du morgen vor dem Essen Zeit?«

»Ja, dann gehe ich morgen früher nach Hause«, sagt ihre Mutter.

Rinka sitzt in ihrem Zimmer und wartet, dass es Morgen wird. Sie betrachtet das Zimmer, als könne sie sich ablenken: Parkett, in der Ecke am einzigen Fenster fehlt ein Stück im Boden, am Stuck über der Tür ist Farbe abgesplittert, die Personen auf den Fotos an den Wänden sind wesenlos geworden. Morgen hat die Mutter Zeit. Ein kleines Kind möchte Rinka sein, dumme Fragen stellen und Mutter weiß immer noch eine Antwort. Warum gerade ich? Wieso lerne ich so langsam? Musste ich so lange geschlagen werden, damit ich endlich lerne, nur mir allein zu vertrauen? Allen zu misstrauen?

Als er aufs Klo gegangen war, nahm sie ihren Rucksack und rannte hinaus ins Treppenhaus. Er schnappte sie abwärts im dritten Stock, konnte sie aber nicht halten.

Als sie in seine Wohnung gingen, ließ sie ihn den Rucksack tragen, drehte sich auf der Treppe um und rannte fort. Den Rucksack ließ sie später von der Polizei holen.

Als er sich zu ihr setzte, stand sie auf und ging zurück zum Bahnhof, ohne ein Wort mit ihm zu wechseln.

Als er ihr das Messer an die Kehle setzte, lächelte sie und sagte, stich zu. Da ließ er sie los. Sie stand auf und ging.

Und sie sagte, stich zu, und er tat es.

Dann fühlte ich mich jetzt besser.

Rinka steht auf und legt sich mit allen Kleidern ins Bett, damit der nächste Tag schneller kommt.

Der Rechtsanwalt hat Gerichtstag, sie hat ihre Ruhe und tippt langsamer. Zweimal geht sie nicht ans Telefon.

Ihre Mutter ist vor ihr zu Hause.

»So, nun erzähl mal, was du auf dem Herzen hast.«

»Also«, sagt Rinka und bringt ihre Worte nicht raus. Donnerschläge das Herz. Endlich sagt sie: »Ich bin vergewaltigt worden.«

Ich, ich, ja ich.

Dann weint sie die Mutter an und beißt sich auf die Lippen. Schnell weiter. Keine Pause. Keine Tränen. Die Schultern der Mutter werden schmaler, ihre Hände fingern an der Zigarettenschachtel herum. Sie zündet sich eine Zigarette an, raucht, nimmt die nächste. Rinkas Blick ist beständiger. Die blauen Augen der Mutter werden dunkelblau. Falten hat sie auf der Stirn.

»So, das wars«, sagt Rinka. »Jetzt weißt du es.«

»Aber«, sagt die Mutter, »ich kann dich doch nicht wieder in meinen Bauch zurückstopfen.«

Noch eine Zigarette, tief den Rauch einziehen, laut ausatmen.

»Das würde ich am liebsten tun. Dich in meinen Bauch kriechen lassen. Eltern machen wohl immer alles falsch. Wie würdest du denn deine Tochter erziehen?«

»Meine Tochter soll sich verteidigen können. Wissen, was sie will. Niemals nachgeben, wenn sie etwas nicht möchte.« Rinka fühlt sich erleichtert. Es müsste auf der Waage zu messen sein.

In dieser Nacht schläft sie tief und traumlos. Die Mutter hat am nächsten Morgen Ringe unter den Augen.

Rinka feiert ihren 18. Geburtstag. Sie entdeckt die erste Falte auf der Stirn und ein weißes Haar. Sie fühlt sich alt, und die Gäste gratulieren ihr zum Erwachsensein. Barbara und ihren Freund, Verwandte, zwei junge Frauen aus der Berufsschule, den Blonden nicht, und alle ehemaligen Schulfreundinnen hat Rinka eingeladen. Manche stecken in eng anliegender Kleidung, unter der sich der Körper abzeichnet, oder in tief ausgeschnittenen oder kurzen Blusen, die den Bauch frei lassen. Sie tragen ihren Körper stolz, Rinka fürchtet um sie. Ihre Konturen verbirgt Rinka, versteckt ihren Körper in weiten Sachen, eine Schildkröte, die sich nicht ans Licht traut. Sobald die Gäste wieder fort sind, fällt ihr das Lächeln aus dem Gesicht, und sie kommt sich verlogen vor, als habe sie einen Abend lang gute Laune nur gespielt, als könne nichts sie mehr wirklich berühren.

Die Familie beim Abendessen. Als Nachspeise Schokoladenpudding. Rinka nimmt den Löffel nur halb voll. Der Vater sitzt ihr gegenüber am Tisch.

»Dass man dich auch mal wieder sieht.«

»Wieso, ich bin doch oft zu Hause. Du merkst es bloß nicht, weil du immer vorm Fernseher einschläfst.«

»Du bist dauernd unterwegs. Was machst du eigentlich abends?«

»Ich treffe mich mit Freundinnen.« Der Bruder schüttelt seinen blonden Schopf.

»Die geht ins Frauencafé«, sagt er, »da dürfen keine Männer rein.«

»Hast du was dagegen?«, zischt Rinka.

Der Vater ist unrasiert. Er kratzt sich am Kinn, wirft einen braunäugigen Blick auf Rinka und lächelt sie aus den Augenwinkeln an. Zu seinem Sohn sagt er: »Lass man gut sein.«

»Nee, wieso«, kräht der, und seine Lippen sind vom Draufbeißen gerötet, »ist doch so was von dumm, wenn die sagen, Männer unterdrücken sie, und dann kapseln sie sich ab. Sie müssten was tun, damit es sich ändert. Mit den Männern reden zum Beispiel.«

Jedes Mal am Satzende springt die Stimme des Bruders in die Höhe. Rinka löffelt langsam ihren Schokoladenpudding.

»Ihr schließt ja die Männer aus. Erklär mir mal, Rinka, wenn dir was einfällt, wozu das gut sein soll.«

Von tief unten steigt das Kribbeln auf, erst zögernd, dann schnellt es in den Kopf.

»Halt deine Klappe und scheiß dich nicht ein, wenn du vor der Tür bleiben musst. Mir gefällt es und das ist Grund genug.«

Rinka steht am Tisch, noch immer das Puddingschüsselchen in der Hand.

»Nichts werde ich dir erklären«, sagt sie und kippt den Pudding aus dem Schüsselchen dem Bruder ins Gesicht, »nichts.«

Der sitzt regungslos, die Mutter lacht, der Vater kratzt sich wieder am Kinn, steht dann auf und behauptet, er müsse sich jetzt rasieren. Der Pudding hängt dem Bruder im blonden Haar, Kleckse am linken Auge, auf der Backe.

Die Uhr am Handgelenk ist zugeschmiert, der Pullover voll gespritzt.

Rinka lässt den Bruder nicht aus den Augen. Sie setzt sich und fährt mit unbewegter Stimme fort: »Erklär du mir mal, welcher Ausländer sich mit einem Neonazi zusammenschließen würde, um gegen Neonazis zu kämpfen.«

Der Bruder steht auf und geht wütend hinaus.

In der U-Bahn liest Rinka in einem Buch, damit ihr niemand in die Augen schauen kann. Sie will vermeiden, dass jemand sie anlächelt oder noch schlimmer, sie anspricht. Der beste Platz ist in der Ecke, da legt sie ihre Tasche neben sich, niemand soll sich neben sie setzen und sie womöglich berühren. Hat sie nichts zu lesen dabei, liest sie die Werbung über den Fenstern:

Alles klar ohne Haar. Wir sorgen für gezielte Haarentfernung. Mein Nachbar sieht mich gern im kleinen Schwarzen. Lassen Sie ihn doch mal Rot sehen. Schuh voll Luft und Leben.

Notruf und Beratung für vergewaltigte Frauen, Lesben und Mädchen ...

Gewichtsverlust ganz ohne Frust. Der Glöckner von Notre Dame. Welturaufführung am Potsdamer Platz. Mach keine Müllkippe aus dem Wasser.

Notruf und Beratung für vergewaltigte Frauen, Lesben und Mädchen ... Rinka prägt sich die Telefonnummer ein. Sie spürt ihren Herzschlag, Hitze steigt in ihren Kopf. Beim Rechtsanwalt notiert und wählt sie die Nummer, legt aber schnell wieder auf. Dann wartet Rinka. Darauf, für mindestens zwei Stunden allein zu Hause zu sein. Erst am Freitag ist es so weit. Der Vater macht einen Besuch, die Mutter hat Spätdienst, der Bruder Sport. Rinka ist allein zu Hause. Sofort überlegt sie, mit wem sie sich verabreden, was sie unternehmen könnte. Aber nein, sie wollte telefonieren. Noch zehn Minuten bis zur Sprechzeit. Ihre Hände sind kalt und feucht, die Füße sind noch kälter, ihr Herz sticht. Seit Tagen spürt sie es. Rinka ruft an.

Eine Frau meldet sich.

»Was kann ich für dich tun?«

Rinka stockt. »Ich bin vergewaltigt worden«, sagt sie nach dem ersten Schreck, sie hat es gewagt, zum ersten Mal einer fremden Person gegenüber diese Wörter in den Mund zu nehmen.

»Möchtest du gleich kommen?«

Ja, Rinka möchte. Sofort. Sie holt ihr altes verstaubtes Fahrrad aus dem Keller und radelt los. Jetzt nicht mit der U-Bahn fahren. Jetzt keine fremden Menschen sehen.

Zwei Frauen führen sie in einen hellen Raum, das Beratungszimmer. Rinka setzt sich in den Korbsessel und erstarrt. Als hätte sie vergessen, wie man Laute von sich gibt. Karolin berührt sie. Die beiden stellen die richtigen Fragen. Wann war es, wo war es, wie alt war er, warst du zuvor schon mal mit einem Mann zusammen, was hat er getan. Rinka berichtet.

»Hast du daran gedacht, zur Polizei zu gehen und ihn anzuzeigen?«, fragt Simone.

»Nein, ich hatte Angst, sie würden sagen, ich sei selbst schuld, weil ich in das Zimmer reingegangen bin.«

»Möchtest du jetzt zur Polizei gehen?«

Allein die Vorstellung, fremden Männern alle Einzelheiten zu erzählen, versetzt Rinka in Zittern.

»Du wärst nicht allein dort.«

»Aber ich müsste den Mann wiedersehen, wenn sie ihn finden.«

»Ja, du müsstest ihn identifizieren. Das könnten wir dir nicht ersparen. Aber durch eine Glasscheibe. Er kann dich nicht sehen.«

»Aber später – im Gericht.«

»Ja«, sagt Simone. Rinka zittert noch mehr, wenn sie nur an seine aufgerissenen Augen denkt.

»Du musst nicht«, sagt Simone. »Aber die Polizei wäre verpflichtet, der Anzeige nachzugehen. Es wäre richtig, wenn der Mann vor ein Gericht käme.«

Rinka wird wieder steif. Karolin schlägt vor, etwas anderes mit dem Mann zu tun.

»Was?«, fragt Rinka.

»Was du willst.« Und sie wäre nicht allein, es würden mehrere Frauen mitfahren. Karolin und Simone wollten ohnehin in Frankfurt jemanden besuchen und Karolin hatte ein Auto.

»Ich würde ihm etwas antun, was er nie vergisst, sein Leben lang nicht«, sagt Rinka.

Simone bringt für alle etwas zu trinken, Karolin füllt ein Formular für die Statistik aus. Nach dem Gespräch ist Rinka wackelig auf den Beinen, langsam steigt sie auf ihr Rad, das sie vor dem Haus an ein Straßenschild geschlossen hat, und fährt nach Hause, mit vielen Umwegen, an den Bäumen sind die ersten Knospen aufgesprungen, die meisten Sträucher sind schon grün und blühen gelb.

In den folgenden Wochen sucht Rinka Frauen, die ihr zuhören. Ihre Stimme klingt hell, wacklig in das gespannte Schweigen der anderen hinein. Rinka schlüpft in aller Ohren und Augen, sieht und hört, was sie spricht.

»Mensch, warum hast du nicht früher was gesagt?«, sagt Barbara. »Wir hätten doch was unternehmen können gegen den.«

Da zuckt Rinka mit den Schultern. Barbara nimmt sie in die Arme, sie rutschen vom Sofa und drängen sich auf dem Fußboden dicht aneinander.

»Ich dachte immer, so was passiert nur den anderen. Denen, die ich nicht kenne«, sagt Barbara.

Rinka erzählt es allen Freundinnen. Einer nach der anderen. Keine, denkt sie, kann sie wirklich kennen, wenn sie davon nichts weiß: Christine, Maxi, Miriam, Regina. Sie dürfen nicht weghören, nicht schweigen, nicht mehr so tun, als gebe es keine Gewalt. Es ist eine gemeinsame Trauerfeier, Tränen fließen, manche sitzen nur stumm herum und sind schockiert. Manchmal will Rinka einen Witz reißen, um im Mitleid nicht auszurutschen. Rinka spült den Geschmack des Mitleids mit Kaffee hinunter.

»Das hätte mir ja auch passieren können«, sagt Miriam. Und sie wird bleich, dann böse. »Aber du musst nicht dauernd davon reden. Man kann sich auch in etwas hineinsteigern. Wenn ich immer nur daran denken würde, könnte ich mich nicht mehr auf die Straße trauen.«

Der Blick, mit dem sie Rinka umfasst, wird wieder

weich, als sei sie dankbar, dass nur Rinka die statistische Dritte ist.

Hätte nur eine der Freundinnen früher erzählt, was sie erlebt hat, Rinka hätte keine Bange vor der Nacht auf dem Bahnhof gehabt. Wie sehr hat ihr noch mit dem Messer am Bauch der Gedanke gefehlt, sie könnte das nächste Opfer sein. Jetzt brechen die Freundinnen ihr Schweigen. Manche reden zum ersten Mal darüber, was sie selbst erlebt haben.

Christine sagt: »Danach habe ich meinen Leistungskurs gewechselt. Vorher war es Kunst. Ich konnte dann nicht mehr malen.« Maxi sagt: »Sie haben mir erst die Haare abgeschnitten. Ich kann seitdem vor Angst keine langen Haare mehr tragen.« Katrin sagt: »Ich musste mit ihm weiterfahren, konnte nicht aussteigen. Er hatte alle Türen verriegelt.«

Regina sagt: »Mein Vater war besoffen, als er mich zu Boden riss. Ich wurde schwanger und musste abtreiben.«

Gibt es noch Frauen, die nie etwas Ähnliches erlebt haben? Die offenen Ohren, die Berichte ihrer Freundinnen helfen Rinka auf die Beine. Ein Austausch von Gräueln und Hilfsprogrammen. Alle beobachten sich selbst und die anderen und tanken Kraft voneinander. Nach jedem Gespräch fühlt Rinka sich leichter, ruhiger, als habe sie für kurze Zeit Ferien gehabt.

Als Nächstes versucht sie, mit Bekannten, mit Männern zu reden.

Tom sagt: »Gibt's so was wirklich? Passiert so was?«

Martin sagt: »Das Thema ist uninteressant für mich. Langweilig. Ich würde so was nie tun, das ist undenkbar.«

Sebastian sagt: »Na also, hab dich nicht so. Ich musste sogar mal eine Vergewaltigung inszenieren. Meine Freundin wollte, dass ich mich im Park verstecke und sie ins Gebüsch zerre.«

Und Till fragt Rinka bei jeder Begegnung »Wie geht's dir?«, in einem Tonfall, als habe er gedacht »Gehts denn noch?«

Rinka will mit keinem Mann mehr sprechen. Und nach jedem Gespräch mit einer Freundin fällt sie aufs Neue zurück in die Leere. Nichts wird mehr sein wie vorher, wie früher. Rinka war wie ein Stehauffrauchen, jetzt ist sie umgekippt und kommt nicht mehr hoch. Früher, zuvor, war gar nicht alles gut, sie will sich nicht mehr anlügen. Früher glaubte sie jedem Menschen alles, und jeder schien ihr gut oder doch so gut, wie sie es sein wollte. Nun glaubt sie vorsichtshalber erst mal nichts und niemandem. Rinka hat sich angelogen.

Trockenes, heißes Hügelland, die Steinbrocken nehmen die Sonne auf und speichern die Hitze. Rinka hat Ferien. Himmel blau bis zur Erde, das Gras verbrannt, die Luft flimmert. Dieser drahtige Mann. Er hat ein Haus auf dem Land und viel Besuch. Barbara kennt ihn, alle bewundern ihn. Er lebt allein in dieser Wildnis, versorgt sich mit Gemüseanbau und Reparaturarbeiten im nächsten Dorf. Er entsagt einem Leben mit Strom und fließendem Wasser. Alle himmeln ihn an, das weite Land habe sich in ihm breit gemacht, die Ruhe der Einsamkeit strahle auch aus ihm. Ein großes Ferienmachen und Ausruhen ist jeden Sommer um ihn. Wenn er spricht, öffnen sich die Ohren. Die Gäste saugen ihn mit ihren Blicken auf. Wenn er von der Butter auf seinem Brot spricht, nehmen sie es für Weisheit. Rinka hält sich fern, vielleicht nur aus Schüchternheit. Das ist nun zwei Jahre her.

»Rinka«, ruft er und sie geht zu ihm hin. Er steht am Auto und legt eine Decke auf den Fahrersitz.

»Hilfst du mir beim Holzholen?«, fragt er.

»Ja«, antwortet Rinka lustlos, es ist schwere Arbeit in dieser Hitze. Aber das Holz soll ja nicht für ihn sein. Der Kochherd frisst es.

Also steigt sie neben ihn in den Wagen mit Ladefläche. Es gibt keine Straße. Sie fahren über Gras, hohes, zähes

Gras und über kantige Steine dorthin, wo die Bäume vertrocknet und abgestorben sind. Auf einem Hügelchen hält er an. Sie beginnen verdorrte Äste, von der Sonne getötete Baumreste auf einen Haufen zu legen. Als sie alles aufgeladen haben, holt er die weiß-grün karierte Decke aus dem Wagen und breitet sie langsam im Schatten des Fahrzeugs aus.

»Komm, setz dich. Wir haben eine Pause verdient.«

Zögernd setzt sich Rinka auf die Ecke der Decke, die am weitesten von ihm entfernt ist.

»Rück ein bisschen näher«, sagt er, »du sitzt dort in der Sonne.«

»Macht nichts. Wir fahren ja gleich zurück.«

Er starrt sie an. Dann legt er eine Hand auf ihre Schulter und sagt: »Mach es dir doch bequem.«

Rinka wischt die Hand fort und dreht ihm den Rücken zu. Die Luft flimmert.

»Ich könnte dich hier allein lassen«, sagt er. »Du würdest nicht zurückfinden, du müsstest verhungern. Sieh dich mal um. Hierher kommt sonst kein Mensch.«

Rinka sieht sich um. Bis zum Horizont trockenes Gras, Hügel, Felsen, und nachts wimmelt es bestimmt von Tieren, die sie nicht kennt.

»Nur Schlangen findest du unter den Steinen«, sagt er und packt sie an den Schultern und schleudert sie auf die Decke.

Eine Hand hat ihm genügt, sie niederzudrücken. Er reißt ihr den Schlüpfer ab, unter dem Rock hervor, hat seine Hose längst auf, und der Schwanz steht schon, reißt Rinkas Beine auseinander und fickt drauflos. Aber er hat es nicht eilig mit dem Spritzen. Warum habe ich bloß einen Rock angezogen?

»Warum heulst du?«, fragt er.

Rinka fühlt sich platt und flach gewalzt und starr und zittert trotzdem.

»Magst du es schnell oder langsam?« Er flutscht hin und her wie auf einem Brett mit Loch. »Gefällt es dir nicht? Warum machst du so ein Gesicht?«

Dann stöhnt er sich leer, lässt sie los. Sie steht auf, er zieht die Hose hoch, nimmt die Decke und legt sie wieder ins Auto, zusammengefaltet und glatt gestrichen, Kante auf Kante.

Er wird es herumposaunen, er hat sie gekriegt, er. Und die anderen werden lachen, endlich hat sie sich einen geangelt. Schon so lange in den Ferien und noch keinen Schwanz. Das wäre nicht mit rechten Dingen zugegangen.

»Rede wenigstens mit niemandem darüber«, sagt Rinka im Wagen und hüpft wie eine Puppe auf und ab wegen der Gesteinsbrocken, über die die Räder springen.

»Wieso, ist doch nichts Schlimmes dabei«, sagt er und sieht sie von der Seite an. »Schon gut, ich sage nichts.«

»Und was ist, wenn ich schwanger bin?«

»Das ist doch schön, dann kriegst du ein Kind«, sagt er und lacht.

In den nächsten Tagen trägt Rinka schwer an ihrem Körper. Sie tut nichts mehr, hilft bei keiner Arbeit, weiß nichts mehr, ist nichts mehr. Niemand. Ihn sieht sie fast jeden Tag und sieht ihn nicht an. Sie denkt nicht daran. Sie denkt nichts, und er existiert nicht mehr, und es ist nichts passiert. Denn niemand darf es wissen. Aber Rinka weiß es auch nicht mehr.

Dann kommt doch noch das Blut und wäscht sie leer.

Wäre sie in einen Schlammhaufen gefallen, sie wäre wieder herausgekrochen. Wäre sie noch einmal hineingefallen, sie wäre wieder herausgeklettert, ohne daran zu denken, wie sie das Fallen verhindern kann.

Wie oft fällt ein Mensch, bis er lernt?

Die Mädchen spielen Ball-an-die-Wand. Ewig auf die Wand glotzen. Diejenige, die hundertmal den Ball an die Wand werfen und wieder fangen kann, bekommt später einen netten Mann, der sie auf der Stelle heiraten wird.

Vater, Mutter, Kind. Der Vater nimmt die Mutter zur Frau. Sie schaffen ein Ehebett an. Das Kind wartet in einer Ecke, bis es auf die Welt kommt. Mutter kümmert sich um das Kind. Vater kommt von der Arbeit und fängt Streit an. Schimpft die Mutter mit ihm, schlägt er sie. Das Kind schreit.

Im Schulbuch steht, der Vater kommt abends müde nach Hause. Er arbeitet den ganzen Tag schwer für die Familie, die er beschützt. Die Mutter kocht, wäscht und bügelt und richtet alles gemütlich her. An sich denkt sie immer zuletzt. Und wenn der Vater zum Kegeln oder zum Skatspielen geht, ist sie froh, denn dort hat er gute Freunde. Er könnte ja auch fremdgehen in der Zeit. Das steht nicht im Buch.

Rinka liest: Wie froh bin ich, eine gute Mutter zu haben, die sich um uns sorgt, besonders, wenn wir krank sind. Immer ist sie für uns da, sie ist freundlich und hilfsbereit. Wenn wir von der Schule nach Hause kommen, wartet sie schon mit dem Essen auf uns, das sie liebevoll gekocht hat. Wenn wir weinen, tröstet sie uns. Nie denkt sie an sich, nie ist sie ungerecht. Unsere liebe Mutti versteht alles so gut.

Die Puppe hat Durst. Sie will neue Windeln haben. Puppenwäsche waschen und bügeln. Rinka hat Susi lieb. Rinka weiß, was Susi braucht, deswegen muss die Puppe nicht sprechen. Rinka will später eine gute Mutter sein. Sie kocht auf dem Puppenherd.

Weiber.

Alle Mädchen sind Tratschweiber.

Die Weiber sind schuld, wenn die Mannschaft beim Völkerball verliert. Wären die Weiber nicht gewesen.

Alle Mädchen rennen weg, wenn sie ein Junge an den Haaren zieht.

Jetzt holen wir uns die Schlampen.

Die Jungen schlagen zu, die Jungen sind stärker. Rinka ist ein Mädchen, Rinka ist schwach. Zehn Mädchen flüchten vor einem Jungen. Kreischend, quiekend, panisch.

Zimperliesen.

Heulsusen.

Schreckschrauben.

Fettklöße.

Bohnenstangen.

Puppen.

Miezen.

Fotzen.

Rinka ist immer sauber gekleidet. Sie trägt immer die Sachen, die Mutti ihr hinlegt. Ein buntes Röckchen, ein einfacher Pulli. Die Haare flicht Mutti ihr morgens und steckt sie hoch. »Damit siehst du so hübsch aus, alle finden dich süß.«

Es ziept. Wer schön sein will, muss leiden.

Rinka weiß genau, wie sie sitzen muss, damit der Lehrer sie drannimmt. Weiß sie eine Antwort und will sie gefragt werden, dann schlägt sie die Beine übereinander, lehnt sich locker zurück und täuscht dem Lehrer vor, sie höre nicht zu. Manchmal nimmt sie noch einen Stift und malt Strichmännchen auf das rosa Löschblatt. Dann ist Rinka sicher, dass der Lehrer sie aufrufen wird. Sie wartet. Er fällt fast immer darauf herein, sie kann ihre in Gedanken vorbereitete Antwort herunterrasseln und sich loben lassen. Will sie nicht bemerkt werden, nicht auffallen und aufgerufen werden, dann sieht sie den Lehrer an, nicht zu starr und nicht zu lange. Zwischendurch blickt sie immer mal wieder in ihr Buch. Sie sitzt gerade, hält beide Hände auf dem Tisch und die Füße nebeneinander: Nur nicht den Eindruck erwecken, sie denke nach. Dann will er ihr am Ende doch noch eine Möglichkeit geben und ruft sie auf. Sie darf nicht zu intelligent und deshalb nachlässig aussehen, aber auch nicht angestrengt. Eben unauffällig und durchschnittlich. Er fällt täglich darauf herein.

Rinka widerspricht nicht im Unterricht. Sie tuschelt nicht hinter dem Rücken des Lehrers.

Das höchste Gut einer Frau ist ihr Schweigen.

Rinka zieht die Oberlippe hoch, wenn sie etwas nicht

möchte. Ein abweisender Blick soll alles verhindern. Sich unsichtbar machen. Nicht auffallen.

Es klappt nicht. Zu Hause muss sie trotzdem abwaschen, trotzdem das Wohnzimmer saugen.

Rinka, das Kätzchen, schmiegt sich an den Vater. Legt ihr Gesichtchen in seine große Hand. Dafür spricht er mit ihr. Dafür mag er sie. Und küsst sie mit Zungenschlag. Das mag sie nicht.

Rinka sperrt die Mutter auf dem Balkon aus. So wird das Essen nicht rechtzeitig fertig. Dresche von der Mutter. Abends Dresche vom Vater. Hose runter. Schlag auf Schlag.

Wer hat Angst vorm schwarzen Mann? Keine. Und wenn er kommt? Dann kreischen alle Mädchen.

Mädchen werden vergewohltätigt, sagen sie in der Schule. Alle Menschen sind gut, sagt die Religionslehrerin.

Männer kriegen Triebe, wenn ein Mädchen einen Minirock trägt. Warum tut sie es auch? Ein Mann kann sich nicht beherrschen. Wie die Bullen.

Männer bieten den Kindern Bonbons an. Da ist Gift drin. Davon sterben die kleinen Mädchen.

»Geh nie mit fremden Männern mit«, sagt die Mutter, »sprich nicht mit ihnen. Du kannst dich nicht wehren.«

Die Mutter muss es ja wissen.

Rinka ist schwach. Die Jungen, später der Ehemann, sollen sie beschützen. Dazu sind sie da.

Wenn du gut zu den Menschen bist, wirst du auch gut behandelt, sagt die Religionslehrerin.

Rinka will so gut wie möglich sein, für alle Menschen Verständnis haben, niemandem etwas antun. Und wenn ihr Bruder sie haut, dann spuckt sie eben.

Sie will ein Junge sein. Hose, Cordjacke, Stiefel. Keine Bluse, kein Rock, keine Schühchen mehr. Der Verkäufer im Zeitungsladen denkt, sie sei ein Junge. Sie muss nicht warten, weil er meint, der Bengel will schnell wieder draußen spielen. Er klopft ihr auf die Schulter.

Wenn er sie für ein Mädchen hält, dürfen sich andere Leute vordrängeln. Aber dann schenkt er ihr manchmal Kaugummi.

»Rinka sitzt da wie ein Junge«, sagt die Religionslehrerin. Alle Köpfe drehen sich zu Rinka um. Sie sitzt verkehrt herum auf dem Stuhl, Ellenbogen auf den Knien, Kinn auf der Rückenlehne.

»Du machst zu große Schritte, wenn du einen Rock trägst«, sagt die Mutter. »Es sieht plump aus.«

Die Lehrerin sagt, Mädchen haben andere Triebe als Jungen. Mädchen haben einen Muttertrieb, sie kümmern sich um die Säuglinge, sie wollen immer die Wünsche anderer erfüllen. Jungen dagegen gehen arbeiten, wenn sie Männer sind. Sie sind von Natur aus aktiver als Mädchen, sie können besser logisch denken. Und sie sind stärker. Deshalb rät sogar die Kriminalpolizei, dass Mädchen sich nicht wehren sollten, wenn sie überfallen werden. Sie könnten lebensgefährlich verletzt werden. Wenn sich Mädchen bei der Vergewohltätigung trotzdem noch wehren, werden sie lustgemordet, sagen die Jungen und kichern. Mädchen sind selbst schuld, wenn sie nachts ohne Mann herumlaufen.

Mädchen, die pfeifen, und Hühnern, die krähn, soll man beizeiten die Hälse umdrehn.

Die Jungen zeigen den Mädchen Bilder von nackten Frauen und schreien plötzlich: »Guck mal die, die wird ja ganz rot.« Alle Jungen sehen Rinka an, und sie wird wirklich rot.

Im Schwimmbad werfen die Jungen die Mädchen ins Wasser. Sie packen die Arme und reißen die Beine auseinander. Kein Mädchen hilft einem anderen. Sie könnte dann die Nächste sein, die ins Wasser fliegt. Mit auseinander gerissenen Beinen. Jungen sind eben so. Schicksal.

Jungen dürfen abends weggehen, Mädchen nur, wenn sie abgeholt werden.
»Einem Mädchen kann schon mal was passieren, wenn sie im Dunkeln aus dem Haus geht«, sagt die Mutter.

Alle Erwachsenen lügen. Sie müssten es besser wissen. Er stand im Tor, im Tor, im Tor und ich dahinter, Frühling, Sommer, Herbst und Winter hab ich dort verbracht.

Mädchen warten auf einen Mann. Rinka will lieber ein Junge sein.

Rinka ist verliebt. Er liebt Fußball. Sie geht mit ins Olympiastadion zur Fußballbundesliga. Oder sie sieht zu, wie er in der Jugendmannschaft spielt. Er hat sein Mädchen mitgebracht, sagen seine Freunde.

Sie macht alles gern, was ihm gefällt. Rinka weiß nicht, was sie selbst mag. Sie ist in jemand anderen verliebt.

Vor dem Weckerklingeln wacht Rinka auf. Sie packt den Pullover mit dem kleinen Loch ein, das das Solingen rostfrei auf der Höhe des Bauchnabels in die Maschen gerissen hat. Mit Karolins Auto fahren sie los, nach Frankfurt. Vorn sitzen Karolin und Simone, hinten Barbara und Dani, eine junge Frau, die Rinka nur flüchtig kennt. Sie ist jünger als Rinka und geht noch zur Schule.

Rinka hat Mühe, sie nicht dauernd anzustieren. Die hat gerade erst so was erlebt. Ihre Augen sind wie ausgeknipst und dunkel, den Kopf hält sie in dieser schrägen Art, als wolle sie ihn zwischen den Schultern verschwinden lassen. Die Haare hängen ihr ins Gesicht, einige Strähnen verdecken die Augen, ein lückenhaftes Versteck.

Sah ich auch so aus wie sie? Wie ein Kind, und als hätten mich meine Eltern nächtelang schreien lassen, bis ich alles tue, was sie verlangen?

Rinka zieht die Beine auf den Sitz und macht sich Gedanken. Was könnte ich ihm antun? Er soll nicht körperlich leiden. Verprügeln wäre zu harmlos. Er soll Angst haben, Angst um sein Leben. Soll sie ihn in den eigenen Mund wichsen lassen? Soll sie ihn nackt auf die Straße zerren? Macht will sie ihm zeigen. Sie hat überlebt.

In Frankfurt hat sie wieder das Gefühl, die ganze Stadt habe ihr Gewalt angetan. Vom Hauptbahnhof aus fahren sie die Straßen ab, die Rinka zu erkennen glaubt: Alles aufgerissen, überall wird an der U-Bahn gebaut, Rinka weiß nicht, ob sie sich nur deshalb dauernd täuscht, weil überall Bauzäune und Sandhaufen im Weg stehen. Oder waren vor ein paar Monaten die Häuser höher? Und warum heißen so viele Straßen Landstraße?

Es ist Tag, es ist sehr hell, alles hat so scharfe Konturen, dass sich die Blicke daran schneiden. Rinka traut sich kaum, sich umzuschauen, wenn sie aus dem Auto steigen und zu Fuß weitersuchen. Geduckt huscht sie durch die Straßen, möglichst schnell, immer dicht an die Frauen gedrängt, am liebsten zwischen ihnen, damit niemand sie sieht. Nur nicht zurückbleiben, nur nicht schneller laufen, jeder Meter Straße, den sie allein geht, scheint ihr gefährlich und bringt ihren Atem ins Stocken.

Vor einem Imbiss am Rand eines Parkes stehen Männer und grinsen. Sie werden mit Blicken angreifen, Rinka im Vorübergehen berühren, sie mit Spucke in den Mundwinkeln anschauen, im Gebüsch stehen mit offenen Hosen. Hinter jeder Ecke, vor ihr, hinter ihr, auf der anderen Straßenseite taucht er plötzlich auf, ist es ein Schock im Magen, als stehe sie in einem Fahrstuhl, der nur fällt und fällt. Die Augen. Immer die Augen. Jedes Mal ist er es nicht. Wenn ihr auch die Luft wegbleibt, nie ist er es wirklich, und alles, was sie sich wünscht, ist, unsichtbar zu sein oder wegzurennen, nach Hause, nach Berlin.

Dann glaubt sie, im richtigen Viertel zu sein, das Haus gefunden zu haben. Es sieht so normal aus im Tageslicht, erschlägt sie fast mit seiner Durchschnittlichkeit: ein Neubau, quadratische Fenster, glatte, graublaue Fassade, die kleine Kaserne. Die Namen am Klingelschild sagen Rinka nichts. Sie steht vor der Haustür, geht ein paar Schritte zurück, schaut am Haus hoch, wendet sich wieder den Klingeln zu und sieht sich um. Sie muss sich vergewissern, dass die Frauen wirklich hinter ihr stehen. Dann drückt sie auf den Klingelknopf links oben. Sie zittert dabei so, dass sie den Knopf fast verfehlt. Es summt, Rinka drückt gegen die Tür, öffnet und dreht sich um. Die Freundinnen nicken und folgen ihr. Auf der Treppe hält sie sich am Geländer fest. Sie lässt Barbara und die anderen vorgehen. Es ist, als ziehe eine Last sie hinab, sie spürt das Gewicht des Rucksacks fünf Treppen hoch.

Oben steht ein Mann am Treppenabsatz und fragt: »Wollt ihr zu mir?«

Dann erkennt er Rinka, die hinter den Freundinnen stehen geblieben ist, und zieht die Augenbrauen hoch.

»Der war es«, sagt Rinka und krümmt sich, als sei sie geschlagen worden.

Gerald dreht sich um, läuft zurück in sein Zimmer und will die Tür zuschlagen, einen Augenblick zu spät. Barbara kann gerade noch ihren Fuß zwischen Tür und Schwelle klemmen. Gemeinsam drücken die Frauen die Tür auf.

»Macht, dass ihr rauskommt. Verschwindet«, ruft Gerald.

Er stößt die Frauen von der Tür weg, will selbst raus. Dani schlägt ihn mit der Faust ins Gesicht, Rinka schließt die Tür ab und steckt den Schlüssel in die Hosentasche. Still steht Gerald, eine Hand an der Backe, da, wo ihn der Schlag getroffen hat. Wie ein Arzt auf Hausbesuch stellt Barbara ihre Reisetasche auf dem Tisch ab.

»Haltet ihn fest«, sagt Rinka. »Bitte, haltet ihn alle fest.« Ehe er einen Schritt auf Rinka zugehen kann, schlägt Dani ihn wieder ins Gesicht und schlägt, rechts, links, rechts, links. Gerald fuchtelt mit den Armen, boxt Dani am Kopf und brüllt: »Ihr Huren!«

Rund um die Iris seiner Augen ist das Weiße zu sehen.

Ein Knie trifft ihn in die Eier, das war Karolin. Gerald fällt um, krümmt sich und schreit Beschimpfungen heraus. Rinka steht noch immer an der Tür, starr, nur ihre Lippen zittern.

»Schnell. Her mit dem Strick«, sagt sie.

Simone und Karolin halten Geralds Arme fest. Dani umklammert seine Beine. Gerald windet sich, versucht sich zu befreien, aber es gelingt ihm nicht. Dani lässt nicht locker. Barbara hat die Reisetasche schon geöffnet, der Strick liegt ganz obenauf; gemeinsam mit Dani bindet sie die Beine des Hingestreckten zusammen. Dann schnüren sie seine Arme ein, hieven ihn zu viert hoch und lehnen ihn gegen die Wand.

»Das ist Freiheitsberaubung«, sagt er, »ich zeige euch an.«

»Versuchs doch«, sagt Rinka und kann sich endlich wieder rühren. »Geh nur zur Polizei. Das ist eine gute Idee, das würde ich an deiner Stelle tun. Aber später.« Während sie auf ihn zugeht, zieht sie ihr Klappmesser aus der Jackentasche und lässt die Klinge springen.

»Denk ja nicht, ich stech nicht zu. Ich tu es, wenn du

nicht still hältst«, sagt sie und hält ihm die Messerspitze unters Kinn.

»Das wäre Mord, und dein Leben wär für immer versaut«, sagt Gerald und versucht zu grinsen.

»Du weißt, dass ich dir zuerst die Augen ausstechen würde«, sagt Rinka. Er verstummt.

Sie hält ihm das Messer an die Backe, mit Druck, er muss die Spitze spüren, sie hat den Arm weit von sich gestreckt aus Angst, ihm zu nah zu kommen, hat immer noch Angst vor ihm, obwohl er gefesselt ist und ihre Freundinnen neben ihr stehen.

»Du gibst uns jetzt die Adressen deiner Schwester und deiner Eltern«, sagt sie und lässt die Klinge langsam an seiner Backe entlanggleiten. »Meine Freundin schreibt mit. Los, fang an.«

Gerald schüttelt den Kopf. Rinka drückt das Messer in seinen Bauch. Der Pullover bekommt ein Loch. Stockend sagt Gerald: »Franz und Agnes Spittler. Meine Schwester heißt Johanna und wohnt bei ihnen. Fulda, Höferstr. 17.« Leiser fügt er hinzu: »Und jetzt haut ihr ab.«

»Hast du's?«, fragt Rinka.

»Alles sauber aufgeschrieben«, antwortet Barbara.

»Können wir sicher sein, dass er nicht gelogen hat?«, fragt Simone.

»Nein«, sagt Rinka. Und zu Gerald: »Die Telefonnummer!« Vor jeder Zahl schüttelt Gerald den Kopf und Rinka hält ihm das Messer vor das Gesicht, bis er sie sagt. Sie ist schweißgebadet. Simone wählt, bis das Freizeichen ertönt und sie wissen, dass die Nummer vollständig ist. Gerald schreit: »Ihr Säue, ihr Schweine, ihr Arschlöcher.« Dani ohrfeigt und knebelt ihn mithilfe von Karolin. Simone wählt noch einmal.

»Guten Tag, ich bin eine Studienkollegin Ihres Sohns Gerald.«

Kleine Pause. »Der Vater«, wispert Simone.

»Ja, ich habe seine Adresse in Frankfurt.« Sie fragt nach der Adresse der Eltern, sie wolle ein Paket für Gerald dorthin schicken. Sie schreibt mit. »Er ist verreist. – Wohin? Nach England. Sicher wird er Ihnen eine Karte schicken. Danke. Auf Wiederhören.«

Simone und Barbara vergleichen die Adressen. Ob die Vornamen stimmen, wissen sie nicht. Fulda ist richtig, die Hausnummer auch, aber die Straße nicht. Krakauerstr. 17. Den richtigen Nachnamen hatten sie schon.

»Wenn du noch irgendeinen Mist machst, schreibe ich deinen Eltern. Also benimm dich«, sagt Rinka und tritt einen Schritt zurück. »Und jetzt zieh dich aus.«

»Da müsste er aber erst mal die Arme frei haben«, sagt Karolin.

»Nein, das nicht«, sagt Rinka. »Würde es euch was ausmachen, ihm die Hose zu öffnen?«

»Ich tu's nicht«, sagt Susanne.

»Ich fass den nicht wieder an«, sagt Dani. Barbara sagt: »Also gut, ich machs.«

Mit spitzen Fingern will sie ihm den Hosenknopf öffnen.

Gerald schluckt und schluckt noch mal; dann versucht er, sich fallen zu lassen. Susanne und Karolin halten ihn fest.

»Maria verzeiht uns alles, was wir tun«, sagt Rinka.

»Warte«, sagt Rinka und hält Barbara das Messer hin. »Tu mir den Gefallen und schneid du ihm seine Klamotten ab.«

Barbara sieht Rinka ins Gesicht, Rinka steht nah an der Tür, weit weg von Gerald.

»Das Messer ist scharf«, sagt Rinka. Und zu Gerald: »Die Heilige Maria ist eine Frau. Sie versteht uns. Sie wird uns verzeihen.« Gerald will etwas sagen, fluchen, er bewegt seinen Kopf hin und her, aber kann den Knebel nicht abstreifen. Barbara nimmt das Messer.

»Also gut«, sagt sie und beginnt. Karolin und Simone straffen den Strick, sobald Barbara die Pulloverärmel und die Hosenbeine darunter hervorgezogen hat. Schließlich steht Gerald nackt im Zimmer. Rinka muss rausgehen, sie kann nicht hinsehen. Barbara und Simone führen Gerald aus dem Zimmer, halten ihn fest an den Armen, denn die Beine sind noch so gefesselt, dass er gerade die Stufen hinabsteigen kann. Rinka schließt schnell das Zimmer ab. Fünf Treppen hinab, Gerald voran. Wenn er sich losreißt, kann er nur fallen, er wehrt sich nicht mehr. Auf die Straße aber will er nicht, er windet sich, stößt Dani mit seinem Kopf, sie schlägt ihn. Zusammen stoßen sie ihn zur Haustür hinaus, Rinka berührt ihn nicht. Draußen lösen sie den Knebel und die Beinfesseln und treiben ihn um die Ecke. Dort lassen sie ihn stehen.

»Wenn ich euch kriege«, schreit er.

»Zeig uns an«, erwidert Barbara. »Wirst schon sehen, was du davon hast.«

Karolin hat das Auto geholt, alle steigen ein. Barbara geht noch einmal zurück.

»Wenn du brav bist, binde ich deine Hände los.«

Gerald nickt. Rinka lässt vorsichtshalber das Messer aufspringen. Aber Gerald greift Barbara nicht an, sie löst den Strick, steigt ein, Karolin fährt los. Unterwegs lässt Rinka den Zimmerschlüssel aus dem Autofenster fallen, irgendwo in Frankfurt.

Am selben Tag fahren sie zurück. Autobahn ohne längeren Halt irgendwo, in Berlin spät nachts.

»Wie wars in Frankfurt?«, fragt die Mutter am nächsten Nachmittag in der Küche. Die Kaffeemaschine röchelt, der Kühlschrank brummt, Rinka wärmt Milch auf, schneidet Brot ab, stellt Kaffeetassen auf den Tisch und erzählt. Die Mutter schüttelt den Kopf, zündet sich eine Zigarette an.

»Und was soll das bringen?«

»Mensch, stell nicht so blöde Fragen.« Ruppige raue Stimme. Rinka dreht den Kopf zu den Küchenschränken.

»Weshalb bist du gleich so sauer?« Ein Zug an der Zigarette.

»Ach.« Verächtlich. Wie kann die Mutter so dumm fragen.

»Du bist nicht die Einzige, die so was erlebt hat. Es gibt Frauen, die liegen dann lange im Krankenhaus.«

»Weiß ich selber.«

»Es gibt tausende von Menschen, die gefoltert werden. Jeden Tag.« Ein Schluck Kaffee, die Zigarette im Aschenbecher zerdrückt.

»Und? Was hat das mit mir zu tun?« Die letzten Worte mit hoher Stimme.

»Wenn alle sich rächen wollten, bleiben nur Macht und Gewalt übrig.«

»Also.« Langsam, dann spricht Rinka schnell weiter. »Es hat mir einen Scheißdreck gebracht, wenn du es genau wissen willst.« Ihre Stimme verliert den harten Nebenton. »Vielleicht haben wir verhindert, dass er es noch einmal tut. Er soll immer Angst haben, dass jede Frau sich rächen wird, wenn er nur daran denkt, ihr Gewalt anzutun. Er will doch nur Macht. Brechen, beherrschen. Das hat ihn aufgegeilt.«

Der Kühlschrank schaltet sich ab. Ein Ruck, die Gläser, die darauf stehen, klirren.

»Ich wünschte, ich hätte mich bis aufs Blut gewehrt. Ich wünschte, ich hätte Wunden und Knochenbrüche. Dann wäre alles sichtbar. Und es müsste mir nicht peinlich sein, darüber zu reden, dass ich ja mitgegangen bin.«

»Ich rauche zu viel«, sagt die Mutter, blickt auf die Kippen im Aschenbecher und zündet sich wieder eine Zigarette an. »Wenn du nicht wärst, hätte ich mich nicht mit diesem Thema beschäftigt. Ich war nicht direkt betroffen, ich habe diese tägliche Gewalt nicht mehr wahrgenommen.«

Rinka lehnt sich auf ihrem Stuhl zurück, kippelt, hält sich mit den Fußspitzen an der Tischkante fest.

»Du warst doch im Krieg«, sagt sie.

»Nur im Luftschutzkeller. Wir haben das Pfeifen gehört und die Einschläge der Bomben gezählt, in Schöneberg. Dann im Mai hat mir meine Mutter den Kopf geschoren, Hosen mit Hosenträgern angezogen, ein weites Hemd, Ruß ins Gesicht geschmiert. So bin ich rumgelaufen, und sie musste mit runter in den Keller, als die fremden Soldaten kamen. Zwei sollen es gewesen sein. Als sie wieder nach oben kam, war sie zerschunden, nur noch Fetzen am Leib.

Später hat sie gesagt: So haben es unsere in Russland auch gemacht ... Ich durfte kaum noch auf die Straße. Immer habe ich mich gefragt, ob mein Vater als Soldat auch mal eine Frau überfallen hat.«

»Das Dümmste«, sagt Rinka, »ist das aus der Bibel: die andere Backe hinhalten.«

Die Mutter steht auf, holt Wurst und Käse aus dem Kühlschrank.

»Dann werden wir mal Abendbrot machen.«

Rinka sagt: »Ich lerne Karate. Ich will mindestens zweimal in der Woche trainieren.«

»Tu das. Aber jetzt hol mal die Teller raus. Und vier Tassen, Messer, Gabeln.«

Es knackt und knistert im Wald, es raschelt im Laub. Wind kommt auf, ein kalter Luftzug an Rinkas Augen. Die letzten Blätter wirbeln von den Ästen. Wenn mich einer angreift, nehme ich seinen Hals in beide Hände und drücke zu, lass ihn röcheln, lass ihn sterben.

Ameisen beißen in Rinkas Beine, zwei Buchen stehen da mit Stämmen so dick, dass sie ihre Arme nicht darum schlingen kann. Zu Füßen der Bäume modert das Laub der vergangenen Tode.

Rinka stützt den Kopf an den einen, die Füße an den anderen Baum und wartet. Die Augen werden von der Sonne geschlossen und stellen ihre eigenen Bilder her. Noch einmal zwölf Jahre alt sein. Mit schwitzenden Händen und eiskalten Füßen, mit Pochen im Kopf und Hitze im Bauch sich gegenseitig erkunden. Jede Woche etwas weiter streicheln, erst über die Kleidung, dann auf der Haut. Sich ein Jahr Zeit lassen. Zwei. Bis fünfzehn. Drei Jahre, und alles würde gut. Die Krähen krächzen, es werden die letzten Sonnentage vor dem Winter sein. Und nichts ist gut. Du kannst nicht noch mal zwölf sein.

Ich gebe das Atmen auf.

Ein Spinnennetz verbindet beide Bäume miteinander. Die Sonne schickt eine müde Wärme hinunter. Leere Jahre sind nicht nachzuholen. Rinka hat gerade erst Laufen und

Sprechen gelernt. Kleb deine Fäden auch an mich, Spinne, ich halte still, ich gehöre dem Moder.

Rinka legt sich ab. Und lebt doch immer weiter. Öffnet die Augen und wartet, dass die Erde kaltfingrig nach ihr greift und die Würmer ihre Arbeit tun.

Ich werde von Ameisen durchlaufen, vom Laub bedeckt sein. Bald wird der Wind die Knochen blank reiben, bald werden sie bröseln, wird sie der Wind über den Waldboden streuen, das Laub mit ihnen zusammen modern. Meine Haare werden Vogelnester polstern. Niemand wird erkennen, dass zwischen diesen zwei Bäumen ein Mensch gestorben ist. Ich krieche hinein in den Boden, lasse mich zerfressen, habe keine Angst. Ich wehre mich nicht. Ich übergebe meine Leiche den Völkern der Insekten, der Würmer, Fliegen, Ameisen, den Aas fressenden Krähen. Bald wird Moos über mir gewachsen sein. Der Wind kühlt mein Waldgesicht.

In der Mittagspause steht Rinka am Fenster des Büros, Brot in der Hand, kauend, und sieht hinaus. Am Haus gegenüber wird die Fassade renoviert, ein Arbeiter hat sich auf dem Gerüst lang ausgestreckt, hat wohl auch Pause, und unten, an der Bushaltestelle, steht ein schmächtiger junger Mann. Er blickt auf und winkt, da tritt Rinka schnell vom Fenster zurück. Die Straße ist schmal, die Bushaltestelle und ihr Fenster im zweiten Stock sind plötzlich dicht zusammengerückt. Nur ein Winken. Dann fährt der Bus vor.

Rinka kann die Vergangenheit nicht ändern. Sie versucht es mit der Gegenwart, wirft am nächsten Tag in der Mittagspause den Mantel über und setzt sich auf die Bank im Wartehäuschen der Haltestelle, als sei da immer schon ihr Platz gewesen.

Er nickt ihr zu und setzt sich neben sie. Er heißt Konrad. Nur eine Handbreit Luft ist zwischen ihnen. Drei Busse fahren weg. Rinka spürt seine Wärme über die Handbreit hinweg. Konrad hat Telefon. Sie verspricht, ihn bei Gelegenheit anzurufen.

Am Schreibtisch sitzt sie dann mit einer warmen und einer kühlen Hälfte. Ihr rechter Arm, ihr rechtes Bein sind gut durchblutet. Das Gesicht glüht.

»Was sitzen Sie da in der Kälte in der Bushaltestelle?«,

fragt der Rechtsanwalt. »Sie können doch Ihren Besuch hereinbitten, solange Sie Pause haben.«

Rinka nickt. »War das Ihr kleiner Freund?«

»Nein«, antwortet Rinka scharf, »er ist größer als ich.«

»Schon wieder so sensibel«, sagt der Rechtsanwalt.

Abends fischt sie den Zettel aus der Hosentasche, auf den Konrad seinen Namen und eine Nummer geschrieben hat. Schräge, nach rechts zeigende Zahlen. Sechs eins zwei sieben zwei neun. Es knackt in der Leitung. Rinkas Atem trifft die Muschel. Neun. Es tutet.

»Ja?«

»Ist da Konrad?« Sie verabreden sich für Samstag im Café Lure.

Gelbes Licht, kleine Metalltische, eine Wärme Knie an Knie. Vormittags arbeitet er in einem Lebensmittelladen im Lager, nachmittags studiert er manchmal Geschichte. Er hat eine lange schmale Nase mit geschwungenen Flügeln, ein rundes Kinn, ein Grübchen in der Mitte. Alles abfragen. Zwei Schwestern, ein Bruder, eigene Wohnung, kein Bafög, hört Punk. Nanu. Die Eltern leben auch in Berlin. Er hat von Rinka geträumt, er ist Arm in Arm mit ihr spazieren gegangen.

Konrad spielt mit dem Kaffeelöffel, Rinka mit seinen Streichhölzern. Die Hände liegen auf dem Tisch. Zufällig stoßen die Finger aneinander, ein kleiner Finger tastet nach Rinkas Handrücken. Sie stehen auf, bezahlen, gehen nebeneinander her, die Hände berühren sich wieder, bleiben zusammen, ein wenig feucht, aber warm. Rinkas Arme und Beine sind flattrig.

Du gehst mit einem Mann spazieren. Männer ekeln dich, Konrads Hand tut wohl. Nur nicht loslassen. Beim Anblick von Liebespaaren wird dir übel. Aber du liebst ihn ja nicht. Konrad hat volle Lippen, die weich Rinkas Fingerspitzen küssen.

Sie hören täglich voneinander. Er soll Rinka helfen, aufrecht zu stehen. Ihm will sie alles sagen, nicht ihn durch Schweigen verlieren. Er hat dunkle weiche Augen. Er berührt Rinka vorsichtig. Sie erzählt ihm nichts. Schon die Einleitung bleibt ihr im Hals stecken, im Pochen ihres Herzens. Sie lügt, weil sie schweigt. Sie hält sich hin, für Küsse, Umarmungen vor der Haustür, ein Streicheln übers Haar. Sie lässt es über sich ergehen. Bei jeder Berührung packt sie die Angst, er könnte Gewalt anwenden. Und er könnte aufhören, sie zu berühren. Sie ist abwesend, wenn er sie küsst. Die feuchte Zunge nimmt ihr die Zuneigung. Sie versteht, warum Prostituierte Prostituierte sein können. Nichts ist ihr unangenehm, es ist nichts, nur diese Küsse. Der Mund ist die einzige ihr allein gehörende Zone, der Körper nur ein warmer Gegenstand, der nicht zu ihr gehört, ein Ding. Sie würde es niemals abschütteln können.

Konrad fragt nichts. Seine Hände sind weich und groß genug für Rinkas Gesicht. Er bemerkt nicht, dass sie aus mehreren Teilen besteht, die sie nicht voneinander lösen kann. Er merkt auch nicht, dass es ihr kalt den Rücken hinunterläuft, wenn er ihr seine Liebe erklärt. Sie würde es aber gern hundert Mal am Tag hören. Es muss im Leben noch mehr geben als Leere. Sie möchte es herausfinden, erfahren.

Jetzt, heute noch.

Sie frisst, sie wird dicker. Eine andere Rinka hält Konrad fest und verlässt ihn nicht. Und er wiederholt oft, wie sehr er sie liebe, er berührt ihre Haut mit seinen Händen oder mit seinen Blicken oder mit seinen Worten. Mit Konrad ist es anders als Rinka das Zusammensein mit einem Mann kannte. Sie ergreift nicht die Flucht, sobald er seine Liebe erklärt, sobald er ihr nahe kommt. Sie würde ihm nicht erlauben, was sie nicht ganz will. Er würde sich danach richten und sie nicht überrumpeln.

Dann trennt sich Barbara von ihrem Freund. Das Zimmer wird wieder frei, ihr altes Zimmer. Barbara fragt Rinka, ob sie wieder einziehen möchte. Die Eltern sind dafür. Sie müsse selbstständig werden. Konrad hilft beim Streichen: weiße Wände, schwarze Fußleisten, roter Teppichboden. Hell soll das Zimmer sein, leer und warm. Niemals will Rinka in diesem Zimmer frieren, und wenn sie eine Tonne Kohlen mehr bestellen müsste pro Winter. Sie freut sich auf die langen Abende am Kachelofen bei Barbara.

Konrad und Rinka gehen im Viktoriapark spazieren. Sie setzen sich auf eine Bank in die Herbstsonne. Er umhüllt Rinka mit seiner Umarmung, hält sie sehr fest. Rinka spricht davon, wie schön es sein müsse, tot zu sein. Ihr Gesicht ist entspannt, sie sieht in die Sonne. Ihr Körper wäre leicht, in ihrem Kopf wäre es ruhig.

»Das ist es, so stelle ich mir den Tod vor. Wirklich tot sein. Nichts fühlen müssen, nichts denken müssen. Nichts mehr, was danach kommt. Die vollkommene Ruhe.«

Ihre Augen leuchten. Er fängt an zu weinen. Darüber freut Rinka sich noch mehr. Seine Tränen streicheln sie. Er würde sie vermissen.

Manchmal sitzt Rinka mit Konrad auf dem Bett. Sie lehnt an ihm, drängt sich in seine Arme, streichelt ihn aber nicht. Seine Hand darf unter ihren Pullover. Sie sprechen wenig und nur von der Arbeit im Lagerraum und im Vorzimmer des Rechtsanwalts oder über Barbaras schlechte Laune. Rinka mag am liebsten Konrads langen, weichhäutigen Hals.

An solchen Abenden geht er, wenn sie müde werden. Rinka schließt ihm die Haustür auf.

Einmal murmelt sie: »Kannst ruhig bleiben.«

Sie legt ihm eine Matratze auf den Teppich und eine Decke und frische Bettwäsche dazu. Im Bad zieht sie ein langes Hemd an. Dann ins eigene Bett, Licht aus. Dunkel. Schweigen, bis zum Einschlafen.

Ein paar Tage später gehen sie das erste Mal ins selbe Bett. Gemeinsam ziehen sie Rinka aus. Sie berührt Konrad nicht. Während er sein Hemd über den Kopf zieht, wird Rinka unruhig. Er hat keine breiten Schultern, und trotzdem ist er zu viel männlicher Körper, zu dicht, zu sehr neben ihr.

Dann zieht er den Reißverschluss auf und Hose und Unterhose gleichzeitig aus.

»Nein«, sagt Rinka, und Tränen schießen ihr aus den Augen. Konrads Gesicht ist nur Schreck.

»Nein«, sagt sie. »Mach das Licht aus.«

Konrad liegt Zögern im Blick, auf der Stirn, in den Mundwinkeln. Er knipst das Licht aus, legt sich neben Rinka, rutscht fast über die Bettkante hinaus und verschränkt die Hände hinter dem Kopf.

»Wein nicht«, sagt er, »wein nicht.«

»Sag doch was«, bittet er.

»Oder hör auf zu weinen«, sagt er.

»Habe ich denn einen Fehler gemacht?«, fragt er. »Bitte Rinka«, sagt er. Dann erzählt sie. Wie sie in die Frankfurter Wohnung gekommen ist, lässt sie weg. Konrad vergräbt sein Gesicht an ihrer Schulter. Sie fühlt seine nassen Augen.

Dass sie sich nicht mehr gewehrt hat, aufgab, als der Mann sie schließlich ausgezogen hat, verschweigt sie.

»Wenn du ihn umgebracht hättest, wäre es Notwehr gewesen«, sagt Konrad.

»Du musst mir immer alles sagen, was du denkst, was du willst und was du nicht willst«, sagt Konrad.

»Ja«, sagt Rinka und spürt schon den Knoten in der Zunge, weil sie Konrad nicht will und doch will, ihn auf jeden Fall will. Und warum zwingt er mich, alles zu sagen?

Konrad küsst ihr das Gesicht. Dann rollt sich Rinka in ihre Decke ein. Beim Atmen zuckt ihr Oberkörper noch ein bisschen. Konrad dreht sich hin und her.

Am nächsten Morgen merken sie, dass sie doch noch eingeschlafen sind.

Rinka hat Urlaub, und die Welt vor ihrer Tür ist ein Monster. »Fahrt ihr nur, ich bleib gern allein hier«, sagt der Vater, und der Bruder stimmt ihm zu.

Ohne die Mutter wäre Rinka nicht verreist. Sie ist ein kleines Mädchen, das in der Welt nicht allein zurechtkommt. Die Mutter kauft die Fahrkarten nach Paris. Dann steht Rinka zum ersten Mal wieder auf einem Bahnhof. Vierzehn Stunden Zugfahrt. In der fremden Stadt springt sie die Verzweiflung wieder an. Die so fremden Gesichter, die fremden Handbewegungen, die fremde Sprache und die unbekannten Straßen rauben ihr die Übersicht. Sie geht mit ins Museum, obwohl sie von Kunst nichts wissen, nur bei der Mutter bleiben will. Nicht allein gelassen werden. Die äußere Ordnung fehlt. Das Monster zu Hause ist ihr bekannt, sie kennt die Straßennamen, weiß die Stationen der U-Bahn-Linien auswendig: von Rudow bis Rathaus Spandau, von Warschauer Straße bis Krumme Lanke. Die Mahnbriefe des Rechtsanwalts haben immer denselben Wortlaut. Konrad kommt abends oder sie telefonieren.

Ein Satz hämmert ihr im Kopf herum: Du wirst nie mehr sein wie vorher.

Vor dem Eiffelturm steht sie dicht neben der Mutter. In der Menschenmasse stecken so viele Männer. Alle beobachten nur Rinka, warten auf eine Gelegenheit, sie zu berühren. Rinka sieht nicht nach links, nicht nach rechts.

»Was willst du essen?«, fragt die Mutter im Restaurant.

»Bestell irgendwas. Ich werde es essen. Aber frag mich bloß nicht, wenn der Kellner da ist.«

Während die Mutter auf die Toilette geht, sitzt Rinka

wieder allein wie auf dem Frankfurter Bahnhof und wartet, dass die Zeit vergeht, bis die Mutter endlich zu ihr zurückkommt.

Ein paar Tage später fahren sie ans Meer. Rinka braucht vier Stunden, bis sie am Strand das Hemd auszieht. Ins Wasser geht sie nicht. Hinlegen, Augen zu. Nichts sehen, nicht gesehen werden. In die Sonne starren und sonnenblind werden. Dann doch ins Wasser tauchen, sich treiben lassen. Der Wind streicht über Rinkas Haut. Sonnenbrand und prickelnder Sand formen aus ihr vorübergehend eine Person mit Körper.

Rinka fühlt sich ausgeruht, als der Zug am Bahnhof Zoo angekommen ist. Bald aber steigt ein Sausen wieder in ihr auf. Die Angst kommt als Welle, als Anfall. Rinka will nicht mehr auf die Straße gehen. Wieder einmal verlässt sie nur noch zur Arbeit das Haus. Auch in der größten Hitze trägt sie eine Jacke: steife Schultern, schleifender Gang. Verschwitzt kommt sie im Büro an. Wenn Konrad sie abholt, atmet sie tief durch. Einmal zu Hause, verlässt sie die Wohnung nicht mehr. Barbara oder Konrad kümmern sich ums Einkaufen.

Dann verebbt die Welle. Rinka ruht sich für den nächsten Ansturm aus.

Nackt neben dem nackten Konrad im Bett zu liegen, daran hat sie sich gewöhnt. Konrad hat warme Hände und darf sie streicheln von Kopf bis Fuß. Rinka schließt die Augen und würde schnurren, wenn sie es könnte. Und sie findet seinen Oberkörper schön. Meistens aber ist sie froh, wenn Konrad abends müde ist und bald einschläft.

Einmal streichelt sie sein Gesicht, küsst seinen Hals, streichelt seine Schultern.

Einmal streichelt sie ihm den Rücken, dann den Hintern, dann die Beine, während Konrad auf dem Bauch liegt.

Einmal drückt sie sich an ihn und streichelt ihm auch den Bauch. Mehr nicht.

Und dann liegt Konrad eines Nachts über ihr und ist in ihr, und sie hat nichts gesagt, während er hineinschlüpfte.

Vielleicht wollte sie es eben noch, sie hat die Beine geöffnet. Nun ist es ihr schon egal. Und dann will sie, dass er sofort aufhört, dass er sie sofort loslässt, aber sie sagt nichts. Und er hört nicht auf, bis er sich befriedigt hat.

Rinka stellt Forderungen. Konrad soll im Haushalt helfen und sie nur küssen, wenn sie es will. Er darf nicht von hinten an sie herantreten, sie nicht im Vorbeigehen streifen und nicht jeden Tag bei ihr übernachten. Streicheln darf er sie. Rinka küsst nicht mehr nur seinen Hals, auch seinen Rücken. Er darf auch in sie hinein, er hat sich ja nie hineingezwungen. Rinka mag die Hitze, die seine Haut ausstrahlt. Schmelzen. Niemals Ekstasen. Sie möchte fühlen, dass sie selbst Haut hat. Kalt und warm, Kratzen am Bauch, harte stechende Bartstoppeln: Das ist für sie. Das Hineinlassen ist für ihn.

Einmal morgens beim Aufwachen glaubt sie, in einem Nest zu sein, vor der Welt geschützt, versteckt. Die warme

Bettdecke ist der Schutz. Rinka fühlt sich sicher, so sicher, als sei sie unter Frauen. Sie dreht sich nach Konrad um. Er ist unrasiert. Da verfliegt das Nestempfinden. Er ist keine Frau, wird es nie werden. Rinka will keinen Mann. Keine Bedrohung. Konrad ist ein Mann. Unwiderruflich. Sie wundert sich, dass er weint und lacht wie ein Mensch.

»Warum kannst du keine Frau sein?«, fragt sie.

Konrad sieht sie an, wendet seine Augen ab. Rinka beschimpft ihn, bis sie anfängt zu weinen.

An manchen Abenden sitzt sie auf ihrem Teppich und sagt: »Ich will dich nicht. Ich will dich nicht, weil du dauernd da bist, weil du nie sagst, was dir nicht passt, weil du dir von deiner Mutter die Hemden bügeln lässt.«

Dann steht Konrad auf und sagt: »Ich gehe.«

Rinka klammert sich an ihn. »Bitte bleib. Lass mich nicht allein. Nicht jetzt. Nie.«

Konrad hält sie fest und hält sie aus.

Ein grellrosa gerafftes Tüllkleid mit glänzenden Spagettiträgern aus Satin, ein Kleid, das aus unzähligen Fältchen besteht, mit geschwungenem Einschnitt oben, einer Herzspitze, mit eingesetzten Plastikstäbchen von der Hüfte zu den Brüsten: So ein Kleid hält Rinka hoch.

»Soll ich das anziehen?«, fragt sie.

Barbara steht vor dem Spiegel in ihrem Zimmer und zieht einen dunkelgrünen Strich über das rechte Augenlid waagerecht zur Schläfe.

»Zieh es doch an, sieht scharf aus«, sagt sie.

Sie schminkt sich die Augenränder und die Lippen schwarz, die Lider bis zu den Augenbrauen dunkelgrün. Vom linken Auge bis zum Haaransatz malt sie einen dunkelgrünen, mit Rot verwischten Balken.

Rinka öffnet den kurzen Reißverschluss an der Seite des Kleides. Sie nimmt es vom Bügel und versucht, es über den Kopf zu ziehen. An den Oberarmen staut sich der Stoff.

»Es ist zu eng, ich komm nicht allein rein!«, sagt sie und muss die Arme gestreckt in die Luft halten, während Barbara das Kleid Stück für Stück über Rinkas Körper schiebt, über die Schultern, die Brüste, die Hüften. Rinka muss ausatmen und die Luft anhalten, damit Barbara den Reißverschluss zuziehen kann. Rinkas Schultern bleiben nackt. Sie ist nur von den Knien bis zu den Brüsten bekleidet. Das Kleid ist hauteng, der Körper scheint unten hinein- und oben hinausgewachsen zu sein.

»Weißt du was?«, sagt sie. »Jetzt habe ich das Kleid an und die Strümpfe nicht.«

Rinka kann sich mit dem Kleid nicht bücken. Also legt sie sich auf den Boden, damit Barbara ihr die Strümpfe überstreifen kann. Barbara schwankt auf ihren hohen Absätzen und fällt um, während sie sich bückt; beide liegen auf dem Teppich und kichern, bis sie Tränen in den Augen haben. Barbaras Schminke verschmiert, Rinka will ihr Kleid in die Taille hochschieben, die Strümpfe selbst anziehen, aber sie kann nicht allein aufstehen, außerdem knacken die Nähte, wenn sie lacht. Deswegen muss sie noch mehr lachen. Barbara erhebt sich auf ihre hohen Schuhe und steht wackelig, während sie Rinka an den Schultern hochstemmt.

Gekrümmt lehnen sie an der Wand und halten sich die Bäuche vor Lachen. Dann zieht sich Rinka die Strümpfe an, Barbara schminkt ihr die Lippen und die Wangen rosa, die Augenränder schwarz, wäscht sich selbst das Gesicht und schminkt sich die Augen noch einmal. Sie trägt eine graue Hose mit seitlichem Reißverschluss, ein weißes Hemd und ein schwarzes Jackett.

»Hör mal, was mir Karolin erzählt hat«, sagt Barbara. »Es soll in Zehlendorf passiert sein. Karolin weiß es von Dani, die soll eine Freundin haben, die die Frau kennt.«

Barbara spannt ihre Lippen vor dem Spiegel für den apfelsinenroten Lippenstift.

»Also, sie soll da unten an der Clay-Allee einen Mann im Auto mitgenommen haben. Der hat sie mit dem Messer gezwungen, in den Grunewald zu fahren, und hat sie dort vergewaltigt.«

»Ich glaub, ich hab davon gehört«, sagt Rinka. »Simone hat mir so was erzählt, aber da hatte der Mann eine Knarre. Wie ging es weiter?«

Rinka kämmt sich die Haare hoch und toupiert sie mit einem Kamm.

»Die Frau ist Ärztin, sie hat ihm ihre Adresse gegeben und ihn eingeladen«, sagt Barbara. »Der Kerl ist natürlich gekommen, da hat sie ihm was in den Wein geschüttet und ihm dann sein Ding wegoperiert.«

»Vielleicht hat er einen Krankenwagen gerufen, als er aufgewacht war«, sagt Rinka und kichert. »Bitte kommen Sie, mein Schwanz ist ab.«

»Bitte kommen Sie schnell«, sagt Barbara und muss ihren Satz mehrmals anfangen. »Sie müssen meinen Schwanz annähen.«

»Die Frau kommt in den Knast«, sagt Rinka, »aber das wäre ja egal. Hauptsache, der Kerl muss wegen Vergewaltigung sitzen.«

»Wer weiß«, sagt Barbara und sprüht sich die Haarspitzen blau.

Rinka legt sich eine Jacke um die Schultern. Sie will ihre Schultern bedecken, ihre Umrisse verhüllen. Und dann entkorkt Barbara eine Flasche Sekt, sie stoßen an, trinken langsam und im Stehen, bestellen eine Taxe und fahren zum Fest. Ein Ballabend in einer ehemaligen Schokoladenfabrik. Es soll ein Fest nur für Frauen sein.

Rinka bekommt feuchte Handflächen, während sie mit Barbara auf den Eingang zustöckelt. Sie lassen ihre Eintrittskarten abreißen, stellen sich an der Garderobe an. Rinka sieht sich um. Sie wundert sich, wo alle diese Frauen herkommen. Manche haben Glimmer und Sternchen im Gesicht und in den Haaren und tragen enge Kleider, andere kommen ungeschminkt und in Lederhosen, eckige Personen in schwarzen Stiefeln, mit Westen und karierten Hemden, mit Hosenträgern und kurzen Haaren. Die lassen ja Männer rein, denkt Rinka und sieht genauer hin, findet aber keine Bartstoppeln. Findet auch keine Brüste, die Hemden sind weit.

»Das sind Frauen«, flüstert ihr jemand ins Ohr; es ist Karolin.

»Aber wie erkennen die Türsteherinnen sie?«

»Die haben den Blick dafür.«

Dann gibt es an der Tür ein Geschubse. Eine Frau hält eine andere fest, zieht sie am Arm zurück und sagt: »Männer haben hier keinen Zutritt.«

»Ich bin eine Frau«, antwortet eine tiefe Stimme.

Die Frau trägt türkise Seidenstrümpfe, ein wallendes Kleid, lilatürkis, und eine dichte Federboa. Dagegen sehen die, die es im Vorraum zu kaufen gibt, so zerzaust aus wie gerupfte Hühner. Und falsche Fingernägel, knallrot, hat die Frau sich angeklebt.

»Deine Perücke sitzt nicht«, sagt die Türsteherin. »Aber sonst ist alles perfekt. Hau ab.«

Die Frau mit der tiefen Stimme und der schiefen Perücke verschwindet schnell wieder nach draußen.

»Das war jetzt schon der Dritte«, sagt die Türsteherin. »Wenigstens konnte er laufen auf seinen Stöckelschuhen und ist nicht mit Birkenstock angekommen. Fast wäre er mir durch die Lappen gegangen. Aber er hat so komisch geradeaus geguckt, als er reinkam. Da bin ich stutzig geworden.«

Rinka läuft sehr gerade zwischen Barbara und Karolin in den Saal. Karolin ist mit Dani und Simone da, zu fünft setzen sie sich an einen kleinen schwarzen Kaffeehaustisch. Rinka sieht sich um, sie hört nicht auf das, was die anderen reden, sie staunt nur: über eine Frau mit ellenlangen Handschuhen und Zigarettenspitze, über Frauen in durchsichtigen Kleidern, über zwei Frauen, die ineinander verschlungen an einer Säule stehen und sich küssen. Rinka hat noch nie gesehen, wie sich zwei Frauen auf den Mund küssen, und die tun es einfach. Sie verstecken sich nicht, niemand scheint sich zu wundern, niemand geniert sich. Und beide kümmert es nicht, ob ihnen jemand zusieht oder nicht.

»Wisst ihr was«, sagt Dani, »wir trinken an der Bar erst mal ein Glas Sekt.«

An der Bar ist ein großes Gedränge. Rinka steht mittendrin, kann kaum einen Schritt vor, keinen zurück und hat doch keine Angst. Alle um sie herum sind Frauen. Es riecht nach Sandelholz, nach Chanel, nach Moschus, und Dani riecht besonders gut. Wenn hier ein Mann pöbeln würde, würden ihn die Frauen zu Brei hauen.

Rinka könnte immerzu lachen. Alle würden sie hier beschützen, und wenn einer auf der Straße, vor dem Haus sie überfallen wollte, kämen alle herausgestürzt und würden sie retten.

Neben ihr stehen zwei Frauen, Arm in Arm, streicheln sich die Schultern. Rinka kann sich erst nicht vorstellen, wie die beiden miteinander ins Bett gehen. Sie stellt es sich weich und warm, langsam und ruhig vor. Rinka ist neidisch. Und jede Frau hier gibt sich, wie sie ist, keine zupft an ihrem Rock herum, fummelt ihre Frisur zurecht. Und Dani riecht wie ein Wald, in dem es nach langer Trockenheit geregnet hat.

Rinka trinkt ihren Sekt aus und behält das Glas in der Hand.

»Wisst ihr, was mir manchmal einfällt? Ich frage mich, ob der Kerl in Frankfurt nackt zum Schlüsseldienst gegangen ist.«

»Vielleicht hat er sich ein Kastanienblatt vor seine Weichteile gehängt«, sagt Dani.

»Oder er hat sich bei Freunden verkrochen, die das für ihn geregelt haben«, sagt Barbara. »Da musste er hoffentlich 'ne Runde U-Bahn fahren. Na ja, oder Taxi.«

Später wird Tango unterrichtet. Der Saal ist voll mit wartenden Paaren, Barbara und Rinka stellen sich dazu. Dani tanzt mit Karolin. Es knistert, dann scheppert Musik aus den Lautsprechern. Sieben Schritte vor, sieben zurück, nehmt eure Dame fest in den Arm. Auf der Bühne tanzt ein Paar vor, eine Frau mit Zylinder, die andere im kurzen wallenden Schwarzen. Barbara und Rinka halten sich fest im Arm: sieben Schritte vor, sieben zurück. Auf der Bühne sitzt der Zylinder mal auf dem einen, mal auf dem anderen Frauenkopf. Wechselt euch ab, tauscht die Rollen. Mal führt Rinka, mal Barbara, Tango Gelosia. Dann tanzt Rinka mit Dani. Dani riecht nach Kerzenlicht und weichen Kissen, ich küsse sie einfach auf den Hals, nee, das kann ich nicht tun. Rinka macht nur Tangoschrittchen, in ihr Kleid ist sie wie in eine Pelle gezwängt. Dani nur einmal küssen, aber dann denkt die, ich bin lesbisch, jetzt hab ich ihr schon zweimal auf die Füße getreten. Rinka lernt nichts außer den sieben Schritten vor, sieben zurück, schafft keine Dehnung richtig. Küss sie doch, küss sie einfach auf die Schulter. Rinka begreift die Schritte nicht, zählt nicht mehr bis sieben, küsst weder Hals noch Schulter und sagt:

»Mensch Dani, ich lerne die Schritte nie. Wollen wir an die Bar zurück?«

Rinka denkt, sie fällt gleich in Ohnmacht, so gut fühlt sie sich. Sie könnte sich nackt ausziehen, und niemand würde ihr etwas tun.

Mit ihren Gläsern gehen Dani und Rinka auf den Hinterhof. Da soll nach der Pause eine Bauchtänzerin auftreten.

»Ich wollte dir vorhin was sagen«, flüstert Rinka, »aber jetzt habe ich es vergessen.«

Da küsst Dani Rinka einfach so auf die Backe. Rinka wird feuerrot und schwankt unsicher auf ihren hohen Schuhen.

Dann tritt die Bauchtänzerin mit vielen roten und blauen Tüchern um den Leib auf, ruckt mit den Hüften, wackelt mit dem Busen und lässt, während sie tanzt, ein Tuch nach dem anderen fallen. Alle klatschen. Rinka legt ihre Hand auf Danis Schulter, so bleiben sie mitten unter den anderen Frauen stehen und rühren sich nicht vom Fleck. Rinka nimmt die Hand nicht weg, Dani dreht ihren Kopf nicht Rinka zu, sie beobachtet die Tänzerin, die ihre Finger mittanzen lässt, und mit den Fingern tanzen die Hände, die Frau tanzt ihren Kopf hin und her, hat nur noch den paillettenbesticken BH an und einen hüftbreiten Gürtel mit langen Fransen.

Rinka und Dani klatschen lange. Sie klatschen für sich selbst, sie klatschen für das warme Gefühl im Bauch, für Rinkas Hand und Danis Schulter. Mehr geschieht nicht. Sie sind nicht lesbisch, denkt Rinka. Sie küssen sich zum Abschied. Wenigstens ein bisschen lesbisch wäre Rinka aber doch gern.

Im Taxi legt Barbara Rinka ihren Arm um die Schulter.

»Ich hatte mal eine Freundin, die hat es nicht so genau genommen, ob sie mit einem Mann oder einer Frau ins Bett geht«, sagt Barbara. Zu Hause gehen sie ins selbe Bett, trauen sich nicht und schlafen ein. Am nächsten Abend ist Konrad wieder da.

In sich schaufelt Rinka ein Grab für die Vergangenheit. Sie braucht Platz in ihrem Kopf, Raum für neue Gedanken. Mit Konrad besucht sie Freunde. Die schalten den Fernseher ein, Rinka wird unruhig, die Unruhe steigt vom Bauch in den Kopf. Eine Stunde vergeht. Rinka hat die Unruhe in den Gliedern, spielt mit ihren Fingern, lenkt sich ab, sonst würde sie aufspringen und wegrennen. Sie zischt einen Streit mit Konrad, der nicht gehen will.

»Du bist egoistisch«, sagt er und nimmt kaum die Zähne auseinander.

»Soll ich hier sinnlos rumsitzen? Nee. Du kannst mir die Zeit, die vergeht, nicht wiedergeben.«

»Deswegen brauchst du nicht die Minuten zu zählen. Das nervt.«

Seine Nase scheint nach unten zu zeigen, schmal sind die Lippen geworden, lang das Gesicht.

»Ich habe jeden Tag nur einmal.« Rinka steht auf. »Und ich gehe jetzt.«

Konrad entschuldigt sie bei den Freunden, sie habe noch zu arbeiten. Rinka nickt dazu, die Freunde nicken und fragen nicht, was sie am Wochenende zu arbeiten hat. Konrad quetscht ein Tschüss zwischen seinen zusammengekniffenen Lippen hervor.

Sie springt die Treppe hinunter, geht zu Fuß davon. Sie

wird nichts tun zu Hause. Sie will keine Minute ihrer Zeit verpassen, sie hat nur ein Leben. Alleinsein ist keine Zeitverschwendung. Sie wird zweimal um den Block laufen. Oder dreimal oder viermal. Sie wird tun, was ihr passt. Sie wird an der Litfaßsäule stehen bleiben und jedes Plakat lesen. Sie wird die Nachtluft trinken. Rinka will keine Gespräche mehr führen, keine Leute mehr treffen, die sie langweilen. Sie will nicht zusammensitzen mit diesen studentischen Nachtgeschöpfen, die die Cafétische umranden und immer mal einen Kaffee nach zu vielen Bieren schlürfen. Sie hat keine Zeit zu verlieren.

Wegen der Hundescheiße läuft sie in der Mitte des Gehwegs.

Da torkeln drei Gestalten aus einer Eckkneipe. Rinka wird nicht die Straßenseite wechseln.

»Guck mal, da kommt 'ne Mieze«, sagt einer.

Rinka wechselt nicht die Straßenseite. Die drei torkeln davon.

Konrad lässt sich vom Fernseher einsaugen. Bleiben nur die Schuhe übrig, die im Flur stehen, und die Jacke an der Garderobe.

An manchen Tagen ist er ein Gefängnis. Seine Arme sind Gitterstäbe. An anderen Tagen sind sie das Zuhause. Rinka wird heute in Ruhe einschlafen, in der Mitte des Bettes. Kein Ausweichen an den Rand, keine Flucht vor Berührung, Liebkosung. Sie ist allein und wird in der Mitte des Bettes liegen. Mit Konrad will sie keinen Plan, keine Reise, keinen Gedanken teilen. Aber er soll sie nie verlassen. Er ist der Stachel in ihrem Fuß, absichtlich eingetreten, um etwas zu empfinden, sich zu wehren, abgelenkt zu sein vom Nebel ihrer Gedanken. Und sie wünscht sich so sehr, ihn zu lieben, ihn lieben, sich Gefühle erlauben zu können. Wenn nicht jetzt, dann vielleicht später, dann vielleicht in ein paar Monaten. Und wenn es Jahre werden?

Nachts ekelt sie sich vor Konrad. Er weiß nicht, was sie mag. Rinka schweigt, Konrad liegt oben. Wenn sein Gesicht in Weichheit aufgelöst ist, beschimpft sie ihn im Stillen. Mistkäfer, du Wichser, beeil dich, spritz ab. Ihr Mund ist zugenäht, der Hals zugeschnürt. Kein Ton dringt heraus. Warum ist er keine Frau? Rinka besteht nur noch aus Augen, Ohren, Mund, Nase, Gedanken. Mit ihrem Rest hat sie nichts zu tun. Die Augen hält sie geschlossen. Nein. Nein. Nein. Grelle Buchstaben in der Schwärze vor ihren Lidern. Außerhalb ihrer selbst ist Bewegung. Da gibt es einen Konrad. Nein. Warte nicht. Du bist allein. Du musst allein lernen. Konrad braucht kein Mitleid. Stoß ihn fort. Rote Punkte rasen aus dem Nichts auf sie zu, werden größer, platzen in ihren Augen. Nein.

»Hör auf«, sagt sie, »ich muss dir was sagen.«

Konrad sieht sie erstaunt an, dann kuschelt er sich an ihre Seite.

»Ich«, sagt Rinka und räuspert sich. Ein Hindernislauf in Zeitlupe. »Ich.« Die Worte finden.

»Also.«

Sie bricht in Schweiß aus, wenn sie die Worte in den Mund nehmen will, die ihr Geschlecht und Konrads Geschlecht bezeichnen. Was für Berührungen sie möchte, wo ihr seine Hände gefallen.

Kein Wort kommt über die Lippen.

Sie liegt da und starrt an die Decke.

Dann bittet sie Konrad, sich mit dem Gesicht zur Wand zu drehen, und macht das Licht aus.

»Keine Berührung bitte«, sagt sie. »Und sieh mich nicht an, wenn ich rede. Unterbrich mich nicht, sag nichts. Wenn ich fertig bin, kannst du antworten.«

Das ist das Rezept. Rinka spricht ins Dunkel hinein, als spreche sie mit sich selbst, als sei niemand sonst im Raum. Stockend erklärt sie Konrad, dass sie nur miteinander schlafen sollten, wenn sie, Rinka, den Anfang mache.

»Sonst versauen wir uns unsere Liebe. Sonst vergeht mir die Lust, dich jemals wieder anzufassen«, sagt sie. »Am liebsten ist es mir, am sichersten fühle ich mich, wenn du mich nur tagsüber umarmen würdest, solange wir angezogen sind. Das Nackteste wären dann die Küsse, das reicht mir erst mal.«

Rinka knipst die Nachttischlampe an und legt ihre Hand auf Konrads Schulter.

»Einverstanden?«

Er kann nur Ja sagen.

Jetzt kann sie zur selben Zeit ins Bett gehen wie Konrad. Früher hat sie oft gewartet, bis er eingeschlafen war. Oder sie schlief schon, wenn er ins Bett kam. Nun können sie nebeneinander liegen. Er liest, eine Hand auf ihrem Bauch.

Und Rinka denkt trotzdem, was tue ich jetzt, wenn er sich auf mich stürzt, wie verteidige ich mich. Er ist ein Mann. Sie stellt sich vor, wie sie ihn blutig schlägt, wenn er Gewalt anwendet.

»Ich liebe dich«, sagt Konrad.

»Was wird, wenn ich nie mehr mit ihm schlafen will?«, fragt Rinka. »Ich will nur gestreichelt werden, weiter nichts.«

Barbara sagt: »Das Streicheln hole ich mir von Frauen. Mit einem Mann bin ich nur zusammen, wenn ich vögeln will.« Rinka betrachtet die Härchen an ihren Armen. Barbaras Beine liegen locker auf dem Tischchen. Blaugrüne Augen. Rinka schmiegt ihren Kopf an Barbaras Bauch. Das Sofa ist kurz. Rinkas Beine hängen über die Lehne. Barbara streichelt nicht nur Rinkas Gesicht, auch den Hals, die Schultern, die Brüste. Die Wärme.

»Aber Männer sind doch keine Tiere«, sagt Rinka fast flehend. »Sie müssen sich beherrschen können.«

»Ich will nicht dauernd sagen, halt dich zurück. Das sollen die erst mal selber lernen«, antwortet Barbara. Dabei drückt sie Rinka, umschlingt sie, hebt ihren Oberkörper an.

»Bin ich schwer?«

»Nein.«

»Ich denke immer, ich bin schwer wie ein Block aus Stein«, sagt Rinka.

Konrad war drei Tage in seiner eigenen Wohnung. Er musste für eine Klausur lernen, hatte keine Zeit für Rinka.

»Du hast mir schon gefehlt«, sagt sie.

»Wirklich?« Konrad glaubt es nicht. »Du hast ja sowieso nie Lust«, sagt er noch.

»Was hat das damit zu tun, du Idiot«, sagt Rinka. »Tschuldigung, Idiot wollte ich nicht sagen.«

Konrad soll sie halten. Er soll ihr zuhören, sie streicheln, bei ihr sein, sich nicht verletzen lassen, wenn sie ihn verletzt und dann nicht gehen lässt. Er hält sie, hört ihr zu. Ihr laufen die Tränen raus, weil er alles tut, was sie braucht. Er ist doch ein Mensch und kein Ungeheuer. Sie weint, weil sie ihn nicht will. Sie weint, weil sie ihn nicht loslassen kann. Sie weint, weil sie ihn doch will. Weil er sie aushält.

Rinka und Barbara haben gekocht, es gibt Rinderbraten. Konrad kommt zum Abendessen, dazu Peter, ein Freund Barbaras. Er hat ein Muttermal am Kinn. Sie sitzen um den runden Küchentisch, und Rinka erzählt. Sie wolle Geld sparen, dann beim Rechtsanwalt kündigen, Arbeitslosengeld bekommen, etwas Neues anfangen, vielleicht das Abitur nachholen.

»Es ist bewundernswert, wie sicher du bist«, sagt Peter, und sein Muttermal bewegt sich bei jedem Wort. »Von euch Frauen kann man viel lernen. Ihr habt die Kraft. Wenn ich an uns Männer denke ...«

»Von mir nicht«, sagt Rinka.

»Doch, von dir auch. Bestimmt.«

Barbara kaut und grinst.

»Nein. Du jedenfalls nicht. Männer schütten ihre Probleme am liebsten bei Frauen ab. Das war schon in der Schule so. Da haben die Jungen uns nur verarscht. Außer, wenn es ihnen schlecht ging. Da konnten sie plötzlich richtig mit uns reden, ihr Herz ausschütten und Ratschläge einsammeln. Nein danke. Lern allein«, sagt Rinka. »Ich lasse mir nichts weglernen. Du kannst ja Selbsterfahrung mit Männern machen.«

»Ach, weißt du«, antwortet Peter, »Frauen finden eben bessere Lösungen.« Konrad verdreht die Augen, dann legt er seinen Arm um Rinka.

»Musst du eben allein suchen und nicht meine Zeit verschwenden: Das nenne ich Ausnutzen«, sagt Rinka.

»Was ist denn mit euch heute los?«, fragt Peter und sieht von Rinka zu Barbara.

»Wieso? Rinka hat doch Recht«, sagt Barbara.

»So kenne ich dich ja gar nicht«, sagt Peter. »Ich will mich verändern, und ihr unterstützt mich nicht mal dabei. Es gibt Frauen, die wollen Männer stark sehen, wollen besiegt werden. Deswegen ziehen sie sich so aufreizend an.«

Konrad schiebt sich ein Stück Braten in den Mund, kaut und schluckt. Dann sagt er: »Jetzt sag nur noch, du fühlst dich provoziert, die Frau will selbst, dass du dich auf sie stürzt.« Rinka strahlt.

Peter verzieht das Gesicht, das Muttermal hängt mit dem Kinn herunter.

»Du bist ein Weichei«, sagt Peter.

Barbara und Rinka müssen so lachen, dass sie sich auf den Stühlen biegen. »Bist du jetzt eingeschnappt?«, fragt Barbara. Das Muttermal hängt.

»Früher«, sagt Rinka, »habe ich mich schon bei dem Gedanken schlecht gefühlt, ich könne einen Menschen verletzen. Aber wer passt auf mich auf, während ich damit beschäftigt bin, an andere zu denken? Niemand nämlich. Und jetzt macht es mir Spaß, meine Meinung sofort zu sagen. Neulich habe ich zu Karolin gesagt, ich habe heute keine Lust, mich mit dir zu treffen. Es hat mir nichts ausgemacht. Vielleicht war sie verletzt. Keine Ahnung. War mir in dem Moment egal. Ich brauche jetzt meine Kraft für mich allein, kann sie nicht teilen.«

Und Rinka denkt, sie muss Tag für Tag durchstehen, gegen die Angst. Wie gut ist es, dass das Leben nicht ewig dauert.

Dann kommen die Tage wieder, da Rinka das dumpfe Flattern in der Brust spürt. Dann hat sie wieder Angst, jemand könnte hinter ihr laufen, ihr entgegenkommen, dann fürchtet sie sich, mit einem Mann Fahrstuhl zu fahren. Als wären die vergangenen Monate nicht vergangen. Die Angst hat sie gefressen, ist in ihre Hülle gekrochen. Jede Entscheidung, ob sie verreisen soll oder nicht, ob sie Wurst oder Käse auf die Brotscheibe legen, ob sie grüne oder blaue Füllerpatronen kaufen soll, scheint ihr wieder unmöglich. Es ist besser, gleich zu sterben, als mit wackeligen Knien jeden Tag durchzukämpfen.

Rinka denkt, das Leben geht nicht weiter, aber die Zeit ist nicht aufzuhalten.

So kann sie nicht leben. Rinka beschließt, schrittweise vorzugehen. Sie will kämpfen bis aufs Blut, aber es ist immer ihr Blut, das fließen wird. Sie weiß nur, dass sie jeden Schritt allein gehen muss, Konrads Hilfe nicht annehmen darf. Sie muss genau das tun, wovor sie Angst hat, sich glauben, dass sie die Schnur am Fallschirm ziehen kann, wenn sie längst gesprungen ist.

Rinka fährt Rolltreppe: keine Fluchtmöglichkeit, eingekeilt zwischen Leuten, Stufe um Stufe, Männer hinter ihr, Männer vor ihr. Sie redet in sich hinein: Hör auf zu zittern, Dumme, hier berührt dich niemand, bleib rechts stehen.

Oben sagt sie: Siehste. Und fährt auf der anderen Seite wieder abwärts.

Sie will nicht länger Maulwurf in der Wohnung sein. Der nächste Schritt: Sie versucht per Anhalter zu fahren. Du bleibst jetzt hier stehen, bis einer anhält. Und in ihrem Kopf spulen alle Verkehrsverbindungen mit Bus oder U-Bahn ab, die sie jetzt nehmen könnte, anstatt sich hier zu zwingen. Stell dich nicht an, bleib stehen. Du fährst bei Männern mit. Das wirst du tun. Und noch im Ohr: Kind, steig nicht zu einzelnen Männern, nur zu Paaren. Es sind aber meistens Männer, die an ihr vorbeifahren, und Männer, die anhalten, grinsend. Mit einem Lächeln für die Ermahnung öffnet Rinka die Autotüren. Was weißt du schon.

Der Erste kommt aus Eiswerder und fährt Schweine zum Schlachter.

»Stinkt hier, was? Ich stinke auch«, sagt er. »Na ja«, sagt Rinka.

Als sie ausgestiegen ist, läuft sie schnell ein Stück die Straße hinauf, zittert wieder und hält dann trotzdem noch einmal den Daumen hin. Was soll schon passieren, weiter musst du. Es kann doch was passieren. Natürlich. Ich schlag euch tot, wenn ihr mich anfasst.

Ein blauer Transporter mit Tiefkühlware hält. Der Fahrer lächelt sie an. Weil er schon feuchte Mundwinkel hat, schwingt Rinka sich besonders schnell auf den Sitz, knallt die Autotür zu. Mit zu viel Kraft. Der junge Mann fährt ohne zu zögern los. Rinka fesselt die zitternden Knie mit Gedanken. Der junge Mann wirft ihr Seitenblicke zu.

»Was haben Sie denn geladen?«, fragt sie.

»Tiefgekühltes Gemüse.«

»Und wo fahren Sie hin?«

»Nach Tegel.«

Sein Lächeln scheint an Fäden von den Ohren zu hängen. Die Augen haben die blöde Starre von Schafsaugen. Rinka atmet die Angst aus. Der junge Mann ist benebelt, die Frau neben ihm verschlägt ihm die Sprache. Alle Männer verändern sich, wenn Rinka einsteigt, immer noch mit Schwung. Angst zeigt man nicht, Wunden verbirgt man. Würde Rinka geradeaus auf die Straße starren, die Knie aneinander gedrückt, könnten die Fahrer fragen: »Sagen Sie, warum fährt eine junge Frau wie Sie auf diese gewiss nicht ungefährliche Art? Haben Sie denn keine Angst?« Dann müsste Rinka »Nein« sagen, laut und bestimmt. Das ist die Spielregel. »Ja« würde bedeuten: Zeig mir, dass meine Angst unbegründet ist. »Nein« heißt: Du bist doch nicht so einer, vor dem eine Frau Angst haben müsste. Dann könnte es gefährlich werden.

Rinka schlägt die Autotüren mit Schwung zu, damit drückt sie die Fahrer am Lenkrad fest. Locker im Auto sitzen. Sie stellt Fragen, sie redet, sie weiß immer eine Antwort, sie wartet nicht, bis sie gefragt wird. Und sie weiß, dass sie nie ganz sicher sein kann, dass die Angst sie nicht doch wieder niederreißt. Oder der Mann.

Die meisten Männer benehmen sich wie hypnotisiert, lächeln dauernd. Rinka saugt ihnen die Kraft aus, Rinka sammelt ihre Kraft. In Tegel steigt sie aus und kehrt um, zurück in die Innenstadt.

Mit den Eltern sitzt Rinka vor dem Fernseher. Eine Sendung über Opfer von Gewalt beginnt, sie schaltet um. Sie ist nicht geopfert worden. Sie wurde angegriffen. Sie will sich verteidigen. Opfer leiden, sterben. Rinka will kämpfen.

Sie geht nachts in Stöckelschuhen durch einsame Straßen. Klack, klack machen die Metallabsätze. Klack, klack hallt es in der Straße, klack, klack sagt: Da kommt eine Frau allein. Es passiert nichts. Klack, klack, Rinka zertritt ihre Angst. Mit spitzen Schuhen kannst du besser treten, die hauen jedem die Eier raus. Liegt ein Park an ihrem Weg, geht sie hindurch, auch wenn es stockfinster ist. Sie läuft, als stehe sie unter Strom. Sie hört jedes Geräusch. Sie ist bereit zu kämpfen. Selten begegnet sie überhaupt einem Menschen.

Wenn es heiß ist, läuft sie ohne Jacke in der Öffentlichkeit herum, ohne die Schultern einzuziehen.

Rinka hat nur noch Zeit für sich.

Eines Abends im Sommer kommt sie nach Hause und merkt plötzlich, dass sie den ganzen Tag im Minirock unterwegs war, keine Strumpfhosen getragen hat und dass es ihr erst jetzt auffällt.

Rinka geht mit Konrad in eine Kneipe und feiert. Er weiß nicht, was es zu feiern gibt. Rinka erzählt ihm nichts. Sie will die Freude für sich allein behalten.

Die tägliche Angst ist weg. Rinka muss nicht mehr über jeden Schritt vor die Tür nachdenken, aber Konrad liebkost eine Rinka, die sich hohl fühlt. Sie genießt die Weichheit in seinem Gesicht, in seinem Blick, auf seiner glühenden Haut. Ihr eigener Körper bleibt ein fremdes Wesen. Er gehört nicht zu ihr. Er fühlt Konrads Hände für sich allein, ist nicht mit ihrem Kopf verbunden. Ein Vehikel ist der Körper, der sie mit durchs Leben schleppt. Er nimmt Konrads Körper auf und nimmt ihn hin. Der Kopf Rinka müsste sich einen persönlichen, einen eigenen Körper Rinka zulegen. Sie hat noch immer das Gefühl, innerlich schmutzig zu sein. Sie putzt sich die Zähne, wäscht sich die Haare, die Haut – aber innen, das Blut, die Nerven? Sie kann sich nicht aufreißen. Sie fühlt eine Hülle, nicht einen Körper. Sie besteht nur noch aus verschiedenen durchsichtigen Schichten, Scheibchen, Fasern. Die Teile scheinen zu verschwimmen, fortzutreiben.

Rinka hat keine Angst mehr, aber sie mag sich nicht. Ein halber Mensch ist sie und muss mit einer Hälfte ein ganzes Leben führen. Die intakte Hälfte verbraucht sich damit, die zerstörte Hälfte auszugleichen. Nicht aus dem Leben kippen. Diktatorisch gibt Rinka sich Befehle. Tu dies, tu das, sitz nicht rum. Sie hält sich in Bewegung, damit die zerstörte Hälfte nicht gewinnt.

Ein halber Mensch. Eines Tages wirst du dich doch noch umbringen. Sie will nicht mehr auf der Lauer leben, nicht dauernd in Deckung gehen müssen. Eine Rinka sagt: Wovor sollst du jetzt noch Angst haben. Die andere Rinka sagt: Es könnte dir noch einmal passieren, dir auch. Eine will sterben, die andere will weiterleben. Eine ist müde und alt. Die andere ist zäh: Jetzt aufgeben hieße, sich der Gewalt beugen. Du kannst sie nicht einfach gewinnen lassen.

Rinka übt, sich aus dem Staub zu machen, wenn ihr flau im Magen wird. Ihre Gefühle sind sicherer als der Verstand. Der Weinhändler bittet sie nach hinten, es gebe einen besonderen Wein, da geht sie vorn zur Tür hinaus. Wenn der Rechtsanwalt mal auf die Personaltoilette geht, obwohl er sein eigenes Klo hat, kehrt sie in der Tür gleich wieder um. Lernen, nach dem inneren Warnsystem zu handeln.

Trotzdem hat sie den Kampf satt. Sie will nicht mehr. Sie will sich aus dem Leben nehmen.

Wenn sie manchmal noch sagt, das habe ich erlebt, ruhig und klar erzählt, wie es war, fühlt sie sich, als würde sie den anderen etwas Böses tun. Aus lauter Rücksicht traut sie sich kaum weiterzureden. Schockiert sind die Leute, es fehlen ihnen die Worte, sie suchen nach Zuspruch. Sie hoffen darauf, dass Rinka abwinkt: So schlimm war's auch wieder nicht. Rinka braucht keinen Zuspruch mehr. Was soll sie anfangen mit dem Mitleid, das sie erzeugt? Soll sie die Leute trösten, weil sie das Schweigen durchbricht? – Das Lachen muss sie sich verdrücken. Die sollen sich nicht so anstellen. Wie wollen sie leben, wenn sie nicht mal richtig hinhören können?

Andere Frauen kann Rinka vor Gewalt nicht bewahren. Sie kann nur mit ihnen weinen, hinterher. Jede muss lernen, sich selbst zu schützen. Rinka kann nur erzählen und sagen, das kann euch auch passieren. Und dass jede zuerst sich selbst lieben lernen soll, dass niemand ihnen wichtiger sein soll als sie selbst. Dass jede nur die Liebe verdient, die sie für sich selbst fühlt.

Aber die müde Rinka hat genug von sich. Sie mag sich nicht.

Die alten Sachen zieht sie an, einen Rock aus der Schulzeit noch, einen Pullover, den sie beim Renovieren anhatte, einen braunen Mantel mit durchgescheuerten Ellenbogen, ausgerissenen Knöpfen. Die eine will die andere Rinka ablegen wie ein getragenes Kleidungsstück, will endlich allein und eins mit sich sein.

Rinka fährt mit der U-Bahn bis Ruhleben, läuft den Weg am Friedhof vorbei in den Wald, in dem kaum ein Mensch spazieren geht. Sie sieht den blauen Himmel, sieht die zurückbleibenden Häuser durch Gestrüpp und Bäume schimmern, der Wald schiebt sein zärtliches Zwitschern in ihre Ohren. Die Vögel tanzen mit der Luft über der Wiese, die durchbrochen ist mit Lehm, von paprikaroten Maulwurfshügeln. Es krächzt vom Wegende her, von dort, wo sich der Weg gabelt, und rechts ist der Zaun ums Schießgelände. Rinkas Füße werden immer schwerer, Erde klebt an den Schuhsohlen fest. Die Krähe fliegt auf, während Rinka den Weg in die Hügel hinauf einschlägt. Unter den Schuhsohlen brechen Ästchen und Bucheckern, die Füße passen sich dem holprigen Boden an. Spinnenfäden legen sich über ihr Gesicht, halten sie nicht auf, niemand kann sie aufhalten. Sie läuft jetzt quer durch den Wald, der Boden lädt ein, weich gepolstert. Sogar das Geräusch brechender Äste ist gedämpft. Fallende Blätter werden zu Schritten.

An der sanft abfallenden Seite eines Hügels breitet Rinka den Mantel ins Laub. Sie zieht den Rock aus und legt ihn neben den Mantel, zieht die Schuhe aus, die Strümpfe, den Pullover, das Hemd, die Unterhose und beginnt, sich genau anzusehen. Ich bin schön, denkt sie, ich will leben.

Ihre Blicke wandern von den Hüftknochen über den Bauch, folgen dem blonden Flaum und ruhen in den dunklen Locken der Vulva aus. Mit den Fingern klappt sie ihre Muschel auf, sieht die rosa Perle in der Mitte, umhüllt von rosaweichem und lilaweichem Fleisch. Sieht es, sieht hin, sieht alles. Sogar da bin ich schön, sogar da. Auf dem Jahrmarkt gibt es Muscheln zu kaufen, aus denen sich eine leuchtend rote Blume entfaltet, wenn man die Muschel ins Wasser legt. Meine Blume ist schöner, denkt Rinka, und hat blauviolette Flügel. Die flattern. Sie fühlt ihre Haut an den Fingerspitzen, den ganzen Körper in ihren Händen, spürt die Hände auf ihrem Körper, die Finger auf ihrer Haut. Nie hat jemand sie so gestreichelt, wie sie es jetzt tut – ohne ein Stück auszulassen. Rinka nimmt sich in die Hände. Ich mache mich glücklich, ich bin meine beste Liebhaberin. Eng umschlungen mit sich liegt sie unter den Bäumen. Alles, was ihr fehlt, will sie, muss sie wieder in sich hineinlieben.

Ich werde mich heilen.

Sie streichelt die Füße, erst den rechten, dann den linken, und es ist, als streichelten die Füße die Hände. Die Fußrücken sind durchzogen von Adern, die dem Druck der Finger nachgeben, Rinka spürt jeden Knochen, jedes Knöchelchen, das Gelenk zum Bein, die Sehne, die den Hacken mit der Wade verbindet. Rinka streicht über jede Pore, fühlt jedes Härchen, ihre Hände glühen, Rinka will alles berühren, sich gesunden, diesen Körper erkunden, herausfinden, was zu ihr gehört. Sie streichelt alles in sich hinein, was Männer ihr genommen haben. Die Innenseiten der Oberschenkel sind so warm, dass ihr ein bisschen schwindlig wird. Rinka verzärtelt sich. Nie ist sie so ohne Forderung berührt worden. Sie erweckt sich zum Leben, sie gebärt sich in ihre Haut. Ihre Beine fühlen sich selbst, glühen in ihren Leib hinein. Jetzt spürt Rinka, dass sie zu ihr gehören, zu ihrem Kopf. Ihre Hände wiederholen den Brustkorb, jede Rippe gibt sich einzeln hin, und langsam kriechen die Finger in die heißen Verstecke unter den Brüsten. Überall ist die Haut so gespannt, dass sie sich den Fingern entgegenwölbt, den Fältchen der Handflächen anpasst. Und die Finger haben nie vorher so genau jedes Hautfältchen, jede Erhebung gewusst. Rinka hält sich in den Armen, drückt, umarmt sich fest, um die Achselhöhlen, die Schultern, den Rücken zu erreichen, entdeckt sich mit den Händen wie eine Blinde und ist sicher, dass niemand jemals gesehen hat, wie sie gewachsen ist, wie die Haut atmet, wie sie selbst ist. Mit den Fingerspitzen greift sie in ihr Haar, fühlt die Kopfhaut, tastet sich ab, und die Kopfhaut ist empfindlicher als die Körperhaut und spürt genau jeden Finger. Rinka pflegt sich ohne Angst, diese Hände könnten sie misshandeln. Rinka vertraut sich bedingungslos.

Und dann ruhen ihre Finger aus, ihr Körper wird ruhiger, überall in der Welt, und es gibt nur diese eine, ihre Welt. Die

Haut glüht, strahlt vor Weichheit und Wärme. Und während die Fingerspitzen der einen Hand die Fingerspitzen der anderen Hand entdecken, während eine Hand die andere Hand erkennt, schließt sich der Kreis. Füße und Kopf, Hüften und Schultern gehören in eins, sind zusammengewachsen. Alles ist der Körper, alles ist ihr Körper.